历史的棋局

李兴龙 著

上海财经大学出版社
SHANGHAI UNIVERSITY OF FINANCE AND ECONOMICS PRESS

图书在版编目(CIP)数据

历史的棋局/李兴龙著． 一上海：上海财经大学出版社，2024.6
ISBN 978-7-5642-4402-6/F·4402

Ⅰ.①历… Ⅱ.①李… Ⅲ.①世界史-通俗读物 Ⅳ.①K109

中国国家版本馆 CIP 数据核字(2024)第 099037 号

□ 责任编辑　陈　佶
□ 封面设计　贺加贝

历史的棋局

李兴龙　著

上海财经大学出版社出版发行
(上海市中山北一路 369 号　邮编 200083)
网　　址:http://www.sufep.com
电子邮箱:webmaster@sufep.com
全国新华书店经销
苏州市越洋印刷有限公司印刷装订
2024 年 6 月第 1 版　2024 年 6 月第 1 次印刷

787mm×1092mm　1/16　9.75 印张(插页:3)　163 千字
定价:58.00 元

目 录

东亚篇

01 东方巨人 / 3

02 日本的流变 / 6

03 历史大周期中的日本 / 11

04 日本首相的使命 / 16

05 韩国的今生 / 23

06 韩国的"智慧" / 29

东南亚篇

01 特殊的新加坡 / 35

02 越南之路 / 39

03 历史中的缅甸 / 47

04 昂山家族 / 50

05 非比寻常的泰国 / 53

06 缓冲 / 58

南亚篇

01 印度版"大国崛起" / 63
02 谁把印度"惯着了"？ / 67
03 巴铁是怎么炼成的？ / 69
04 印度的致命误判 / 73
05 勇敢的尼泊尔 / 79
06 魔性印度 / 81

中东篇

01 沙特生死劫 / 89
02 中国的红利 / 95
03 也门的命运 / 98
04 凶猛的以色列 / 104
05 一代枭雄 / 112

欧洲篇

01 乌克兰为啥没成中立国？ / 121
02 塞尔维亚的眼泪 / 126
03 芬兰之选 / 131
04 一场诡异的政变 / 133

05 悲凉的宴席 / 138

北美篇

01 布局 / 143
02 美日大博弈 / 146

东亚篇

有人的地方,就有江湖。

有国家的地方,就有博弈。

有江湖和博弈的存在,就有历史和时代之变局。

国家博弈的本质,是财富博弈。如果以财富地缘版图而论,当今世界有三大块:

· 东亚,主要是指中日韩的财富综合起来,够得上一极。随着中国继续发展壮大,东亚的财富还在继续增强。当中国完成崛起复兴之后,东亚的财富就会达到一个前所未有的顶峰。

· 欧洲,主要是以欧盟和英国为代表的"老欧洲"。

· 北美,主要是美国和加拿大。美国是当今超级大国,并且拉拢了众多盟友,对一切可能威胁其霸权地位的国家进行打压。美国现在面临巨大的财务危机,急需东亚和欧洲的财富去接盘,为此,美国不停地制造动荡。

先从东亚开始说吧。

01 东方巨人

地缘上的东亚是一块风水宝地,有着独一无二的山川、河流、湖海与平原。正是在东亚这块宝地上,孕育出了地球村主流文明之一的华夏文明。

中国,一个从古文明延续到现代文明的国家,是绝对意义上的东方巨人。

早在原始文明时代,就已经播下了华夏文明的火种。

在奴隶制文明时代,华夏文明已经步入世界第一阶梯。

在农耕文明时代,华夏文明绝大部分时间走在世界前列。两千多年前,中国经历了百家争鸣的智力大爆炸之后,农耕文明成熟。

秦帝国完成了大一统的同时,建立了中央集权制,奠定了华夏文明世俗化的根基。随后的汉帝国,把华夏文明推向了历史性巅峰。

隋帝国终结了两晋南北朝的乱世之后,开始推行科举制,解决了官吏选拔问题。随后,唐帝国又把华夏文明推向了另一个历史性巅峰。

由于历史上遮掩不住的辉煌,华夏文明自然而然从中国向四周扩散:东方的朝鲜半岛与太平洋中的日本岛等,受益匪浅;南方的东南亚各国,同样获益匪浅;西方的中亚,甚至中东地区,也从华夏文明的辐射中获益。

中国的历史也不是一帆风顺的,有巅峰和低谷,有光明和黑暗,有战争与和平;地缘博弈相伴而行。

两千多年前的秦汉时期,当时的中国面临匈奴帝国的强大压力。那时的中国人没有退缩,秦时修筑万里长城,抵御匈奴;汉时先是韬光养晦壮大自己,最终战而胜之。汉王朝在赢得与强大的匈奴帝国的大国博弈的过程中,也登上了历史的巅峰。

汉王朝解体之后的三国两晋南北朝,由于自身陷入了内乱,在与北方游牧民族的博弈中,不仅没能获得压倒性胜利,甚至还引发了"五胡乱华"之祸。由此可见,国家安定是实现富强的保障。

隋唐时代的中国,又面临突厥帝国的强大压力。中国人同样没有退缩,也是经过一番韬光养晦之后战而胜之。中国在赢得与强大的突厥帝国的大国博弈的过程中,又迎来了历史的另一个巅峰。

时间来到近代,由于传统的农耕文明面对新兴工业文明时的落伍,清帝国的腐朽不堪,所以晚清朝廷面对列强时总是失败。不仅是军事失败,也是政治和经济的失败。

军事层面的失败,如鸦片战争、甲午战争。

政治层面的失败,如中法战争,不败而败;又如被沙俄割走了大片领土。

经济层面的失败,如各行业的经济命脉均落入列强之手。

清政府就在各种失败中走向灭亡。

接下来的民国几十年,也没好到哪里去,无尽的军阀内战,让老百姓的日子苦不堪言。

晚清和民国时代的中国,之所以如此窝囊的原因就在于,农耕文明面对近现代工业文明的落伍。

总体而言,在漫长的中国历史上,中国的辉煌主要集中在农耕文明阶段;但是在近代工业文明阶段,中国跌入了低谷。

中华民族复兴,从某种意义上来说,就是从工业文明的低谷走向工业文明的巅峰。

近代史上,晚清也曾尝试着搞发展工商业的洋务运动,并取得了一定的成绩,但最终被日本在甲午战争中打断。民国也同样尝试过发展工商业,后来又被日本侵华战争打断。

新中国成立之后,因为打赢了抗美援朝这场立国之战,终于不用再担心自身的发展被外部侵略者打断。以毛泽东思想武装起来的中国人民志愿军,用无与伦比的精气神、钢铁一样的组织纪律以及非同寻常的战术向整个世界宣告,中国任人欺凌的时代结束了,那个曾经长时间处于世界前列的东方巨人正在回归。

中国的复兴崛起是一个漫长的过程,先是经历了第一阶段的国防重工业建设,后又经历了第二阶段的民生轻工业发展,方才成就了如今全球瞩目的工业生产大国

（全球唯一一个全产业链国家）和商业贸易大国。

在中国走向复兴崛起的过程中，面临着前所未有的地缘博弈，局面远比历史上任何一个时期都要复杂多变。看一下如今中国周边的局势：

东南亚的菲律宾和中国本无瓜葛，因非法占据中国南海岛屿，给中国添了许多乱。

朝鲜半岛历史上曾经是中国的属国，每次有难，中国都出手相助。而如今，半岛南北对峙已有70余年。

日本曾经是中国的学生，也曾是中国最致命的敌人。如今的日本充当美国全球霸权中平衡东亚大陆的基石。

所有这一切背后的根源在于，美国在竭尽全力阻止中国再次崛起。

美国是一个极其复杂的国家：其历史非常短暂，只有两百多年；但综合实力极其强悍，比中国历史上遇到的任何一个博弈对手都难对付。美国有三大特点：

第一，意识形态层面，集西方文明之大成。

第二，现实层面，集工业文明之大成。

第三，博弈布局层面，集海权思维之大成，继承并发扬了大英帝国的离岸平衡思维，进行全球性布局。美国还有诸多的盟友，除北约那些成员国之外，还有东亚的日本、韩国，东南亚的菲律宾，南亚的印度，中东的沙特、以色列等国。

虽然美国并不在东亚，但在东亚的影响力却非常大。话说回来，美国的综合实力强大是客观事实，但中国走向复兴崛起也是不可逆转的大趋势。

中国最终的目标是星辰大海，所有的起伏，只是走向星辰大海的过程。中国在近代史上的低谷，很大一部分是与日本有关。

02 日本的流变

安倍遇刺之后,中国舆论界的不同观点出现了激烈的碰撞。

但我觉得有一种观点很正确,那就是中国永远不可以懈怠,永远不要对日本放松警惕。鉴于这个思路,我决定写下这篇文字,梳理一下日本对中国图谋的脉络。

日本的先天地缘环境非常差:孤悬太平洋上的贫瘠岛国。

然而,恶劣的先天环境却催生出日本人的危机感,让他们锐意进取。所以不管是战场还是商场,日本人的表现都不差。

日本人最大的特色便是善于学习,而且永远向地球村的老大学习。日本从来都不是世界第一,但离世界第一从来不远。日本史就是一部学习史:

学中国将近两千年:从百家诸子学到宋明理学,甲午战争中对老师反戈一击;

学欧洲将近一百年:从明治维新学起,很快有大成,"二战"中对老师反戈一击;

"二战"之后学美国到如今,美国霸权衰落之日,或许就是日本反戈一击之时。

中日关系非常特殊:日本曾经是中国最勤奋的学生,坚持好好学习、天天向上,一千年不动摇。日本也曾经是中国的侵略者,让华夏大地生灵涂炭。

千百年来,日本对中国的图谋大概有4个维度。

维度1:文化视角

中国和日本的不同之处在于:中国是主干型文明国家,是华夏文明主体之所在。日本则是枝叶型文明国家,之前是华夏文明的一个枝杈。枝叶型国家的最终目的都是想变成主干型文明国家,或者取主干型文明国家而代之。

日本是岛国,要啥没啥,指望其自力更生把文明创造出来也不现实。日本的文明基因来自中国,所以最初对中国非常倾心。

中日初次接触时,日本刚刚进化到父系时代,处于极端落后野蛮的状态。而彼时中国已经进化到汉代,政教分离,加强中央集权,正雄心勃勃地开疆辟土,走在文明史的最前沿。初来乍到的日本人就像初次进入大观园的刘姥姥,惊叹汉帝国的富足和文明秩序。

日本从中国:"山寨"了一系列生活用品(如倭镜)、建筑艺术(如王宫与道观)等;引入了儒学系统,以及与之配套的衣、食、住、行等;吸收了"道"与"佛"的概念等。日本变成了一个小熔炉,把中国的一切都搬了过去,并很好地继承下来。

但是,枝叶型文明国家要取代主干型文明国家,仅仅消化吸收主干型国家的文明精华只是第一步。第二步则较为歹毒,就是想办法摧毁主干型文明国家的文化自信。

近代历史上,日本为了给入侵中国制造理论基础,在文化层面搞了一套歪理。首先,日本学者抛出"中日文化一体论",说中日文化同出一脉——这本身没有问题。其次,炮制出"崖山之后无中国,明亡之后无华夏"。大意是说中国正统的华夏文明早就被北方游牧民族给摧毁了,不存在了——这就其心可诛了。按照日本文化界这番论调,既然"中日文化一体,而中国的传统文明被摧毁",那华夏文明正统就只剩下日本了。

日本这是典型的文化吞噬,而且迷惑了不少中国人。中国舆论圈里,有时会出现无根之人拿"崖山之后无中国,明亡之后无华夏"胡咧咧(全然忘记华夏文明原本就有农耕和游牧两个脉络之现实),这在"精日"群体中尤其严重。

今日之中国,在综合国力大幅增长的情况下,在民族复兴稳步推进的情况下,日本当年的文化吞噬尚且有如此影响,之前中国积弱之时,日本这招影响力更深。当初日本侵华之所以能招收那么多皇协军,文化吞噬功不可没。

维度2:政治视角

日本对中国的文化吞噬主要服务其政治图谋。

日本历史上最大的政治图谋便是大陆政策。由于日本的先天劣势,所以对东亚大陆无限向往。学了中国一段时间后,小有成就,便想一试身手。

隋唐时期,日本趁朝鲜乱局,借口支援百济出兵朝鲜半岛。但唐朝军队可不是吃素的,老将刘仁轨在水上和陆上把日军痛扁一顿。挨打之后的日本变得非常谦虚,派人到唐朝学习先进的文化和科学。

八百年之后,一个叫丰臣秀吉的小个子狂人,在战场上一番厮杀表演、战场外一番忽悠扯皮之后,竟然终结了日本的"战国"时代,如同秦始皇了结了中国战国时代一样。但是日本战国和中国战国相比,最多只能算"山寨版"。

丰臣秀吉和秦始皇比起来,也是"山寨版"。丰臣秀吉个头很小,但野心很大,要带领日本征服东亚。他的战略是,攻略朝鲜,进取平津,占领华北,在东亚建立一个超级大帝国。然而日军又被明军揍得稀里哗啦,最终丰臣秀吉也落得一个身死族灭的下场。但他的野心却进一步激发了日本征服东亚大陆的渴望。丰臣秀吉捣鼓出大陆政策之前,日本仅仅是向往大陆;之后的日本,开始渴望征服大陆。这是一个质的转变。

丰臣秀吉死后,日本大陆政策也被丢入故纸堆,因为大部分日本人并不相信能征服中国。但是1853年"黑船事件"之后,日本迅速沦为西方列强的半殖民地,这极大地刺激了部分日本疯狂的书生,比如明治维新教父吉田松阴。

大家可能很纳闷,明治维新是日本版的洋务运动,要师夷长技以制夷;本质上也是日本版的救亡图存。中国人的思维中,救亡图存是奋发图强、锐意改革,学习人家的长处。但是在日本的救亡图存思维中,除了中国的那些内容,还有对外扩张。

日本明治维新的精英们在救亡图存的时候,既在内部搞彻底的改革,又在外部搞坚定的扩张。最简单的例子,甲午战争之前,日本就吞并了琉球。所以日本所谓的明治维新,政治层面就是为大陆政策服务,就是要赌国运,和中国一决高下。咱们现在讲明治维新,如果仅仅从救亡图存的角度讲,显然非常片面。

所以日本赢了甲午战争之后,立刻夺走了朝鲜半岛、台湾等战略要地。大家看下现在美国搞的第一岛链,有一半是日本在甲午战争之后夺走的土地。当然日本还想要辽东半岛,但因沙俄和德国干预没能吞下。

甲午战争之后,日本没有立刻发动侵华战争,因为那时它还没有那个能力。所以在甲午战争之后,日本在政治上又换了一副面孔,继续宣扬中日亲善,骗得不少中国人的好感。那时候日本对中国的政治渗透比较隐蔽,通过支持军阀(奉系与皖系)

的方式间接渗透。所以20世纪初,很多中国青年去日本留学,去那里寻找救国之策。尤其是许多革命精英,基本上都去过日本留学。那个时候,日本对中国的政治与文化渗透非常成功。

然而,日本虚伪的面孔并没有隐藏太久。随着1929年世界经济危机爆发,日本终于露出獠牙,于1931年发动"九一八事变",侵占东北,拉开侵华战争的大幕。

中国人看到日本的政治图谋之后奋起反抗,最后通过巨大的牺牲换得抗日战争的伟大胜利。今天讲国人当警惕自强,因为那是先辈的鲜血换来的经验。

维度3:军事视角

所有这几个维度中,军事图谋看起来较为简单。但是需要弄明白几个事。

第一,中国取得抗战胜利,但没有像美国和苏联那样从正面战场彻底地干掉日军,以至于日本对中国一直不服气。正因为这种不服气,间接造成如今的日本在台海不死心,试图跟着美国在台海搞事情。

第二,同一个文明周期内,日本无法撼动中国。

农耕文明周期内,不论是唐朝还是明朝,日本都不是对手。在中国完成工业化之后,日本也不可能撼动中国。

日军之所以在近代给中国造成这么多伤害,是因为日本通过明治维新占据了工业文明的先机,以工业文明装备的军队降维打击由农耕文明支撑的中国军队。这也是当初中国没能彻底收拾日军的原因。

第三,如果中日再次发生军事冲突,相信这次一定能把日军收拾得干净彻底。

日军是那种你不把它收拾得干净彻底,就会很麻烦。如果把它收拾得干净彻底,就能变得安静。

唐军把日军收拾得很彻底,给后世赢得大约800年的清净。

明军把日军收拾得很彻底,给后世赢得大约300年的清净。

美军把日军收拾得很彻底,现在成了日军的大哥。

第四,尽管抗日战争赢得不干脆利索,但也彻底打破了日本的大陆政策,让日本千百年来对中国的政治图谋落空。现在的日本对中国,主要是经济图谋。

维度4：经济视角

"二战"失败，对日本堪称沉重一击。

但是，日本很快便恢复了底气，根源就在于日本利用朝鲜战争实现了经济腾飞，成了亚洲最早腾飞的经济体。日本也因此成了世界工厂，日本的商品淹没了整个地球村。

然而，日本并不满足于生产商品，还试图输出规则，成为地球村的棋手（按照地球村游戏逻辑，棋手制定规则，棋子接受规则）。当日本开始输出规则时，遭遇了两记当头棒。

第一棒是美国的《广场协议》。这个协议的厉害之处在于阻断了日本在新经济领域的布局与发展。在《广场协议》之前的各大产业中，日本都很强。《广场协议》之后，以互联网为依托的新经济生态中，日本和欧洲各国一样，沦为被动接受者。

另一棒是中国改革开放，成为一个更强的世界工厂，吸纳了几乎所有工业产业链，成为地球村制造业枢纽。

日本在经济层面的野心，是想成为亚洲领头羊，让中国制造业接受日本标准。如果日本能实现经济层面的野心，即让中国接受日本标准，那么也会推动其国运再上一个台阶。但现实是，日本虽然在部分高端制造业领域很牛，但那些只是局部。而且不论是中国还是美国，都不可能接受日本制定商业规则。

一个最显著的例子就是新能源汽车，日本押宝氢氧电池，试图领衔新能源汽车领域。但是，中美都把重心放在锂电池领域。汽车领域可以说是日本经济最重要的支柱，如果日本在新能源汽车领域押宝失败，成为一个被动的跟随者，那么对日本必然是一记重创。当日本试图制定经济规则而不得时，对中国的经济图谋也就必然失败。

毫无疑问，日本这个民族尤其善于学习。他们从来不是世界第一，但离世界第一都不远。不论是当年军国主义推动的战争机器，还是"二战"后的经济帝国，日本都是差一点就可能登上世界之巅。

不过，日本人是偏执的，因为他们想要登上世界之巅而不得，没有君临天下的气度。所以日本人心底总有一种忧伤，那种渴望巅峰而不得的不甘。

咫尺天涯，徒留叹息。这种叹息声，回荡在日本的文学、影视、音乐之中，所以日本之精髓，就在于这种忧伤叹息的旋律。

03 历史大周期中的日本

我这篇文字的思路是阐述日本在立体史观下的宏观趋势。

谈趋势,少不了讲支点。

国家运势的支点大致有三:地缘、人的精神和历史机遇。

日本也不例外。

地缘与赌国运

稍微有点地缘知识的人都知道,日本是岛国,周围是大海,与外界天然隔绝。但日本并不是一个甘心困守孤岛的民族,千百年来,日本人一直想冲上欧亚大陆。

唐朝时期,日本试图登陆朝鲜半岛。唐军抗倭援朝,于公元663年在白江口大败日军。日本冒险失败后退回本土,800多年不敢冒头。

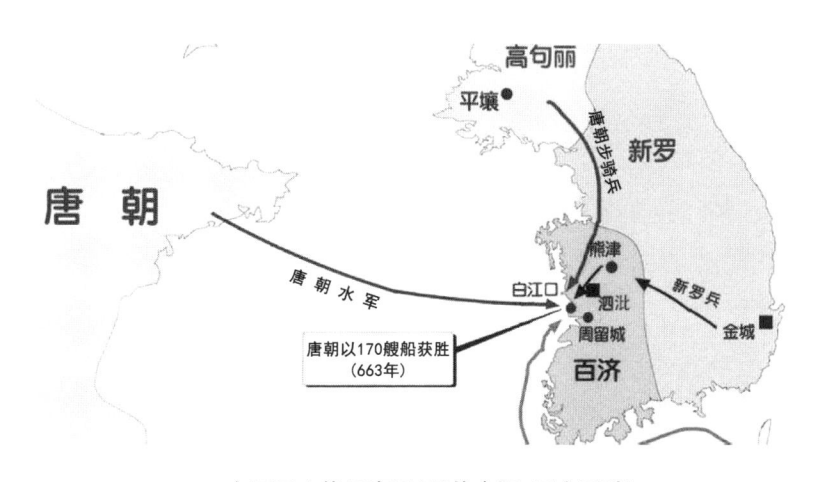

白江口之战示意图(图片来源:百度百科)

明朝后期，丰臣秀吉统一日本后再次侵略朝鲜，被名将李如松挫败。日本再次退回本土(1593年)，勤练内功300年。

清末，就是甲午战争，日本赢了羸弱的大清，终于登上大陆、占领朝鲜。从那以后，日本赢来了国运的巅峰。

日本简史

日本的历史可以说得很复杂，也可以说得很简单。鉴于篇幅问题，这里以简单的方式描述日本。

岛国日本，由本州、九州、四国、北海道四大岛和6 000多个大小岛屿组成；主岛就是本州岛，承载了日本的精华。

日本古代有三关，分别为不破关(岐阜县)、铃鹿关(三重县)、爱发关(福井县)。三关以东为关东，就是现在关东平原上以首都东京为核心的那片最繁华的区域；三关以西称关西，就是大阪平原上以旧都京都为核心的区域。

日本是一个坚韧且爱学习的国家。论学习能力之强，古往今来，很少有国家能与日本比肩。

日本历史，其实就是一部学习史。而且日本是一个骄傲的学生，永远和世界强者学习。汉帝国、唐帝国、大英帝国、美国，这些闪耀于不同文明周期内的超级大国，是日本千百年来模仿学习的对象。

每个民族都有龙兴之地。大和民族总体上兴起于关西的奈良盆地。

日本最初从汉帝国那里学了不少东西，但在白江口大战被唐军击败，心理上受到极大的震撼。日本经过好几次迁都之后到了京都，开始全方位学习大唐。

从公元630年到894年，前后260多年的时间，日本持续不断地派遣使者(包括阴阳师、医师、画师、乐师、史生、船匠、木工、铸工、锻工、玉工等)到大唐学习。从皇宫建设到文化礼仪，日本对大唐确实做到了无死角模仿。从初唐模仿到盛唐，再到晚唐。有人说唐朝文化在日本，某种意义上说是有道理的，因为日本不仅执着于模仿，还执着于维系唐文化。直到现在，日本还有不少唐文化遗风。

类似的故事在"二战"之后再次上演。美国在太平洋战争中把日本击倒，狠狠地踩到泥土里。战后又把日本从泥土里拉起来，重新包装一番。日本遭到极大的战争创伤之后，又被美国强大的实力所震撼，开始全方位模仿美国，从潮流文化到城市布局，犹如当年模仿唐朝那样。

对于现在日本在很多战略层面配合美国，地球村观察家们往往着眼于美国的强势，而忽视了日本追随强者的民族特性同样重要。唯有如此，才能解释美国在日本予取予求的原因。

日本模仿唐朝，一直模仿到唐朝彻底衰落。按照这个特征，美国尚未彻底衰落之前，日本都会一直模仿。有朝一日日本不再模仿美国时，就意味着美国真的没落了。

但是，日本历史上最辉煌的部分，既不是模仿唐帝国阶段，也不是模仿美国阶段，而是明治维新时代模仿欧洲。

一时辉煌

纵观日本历史，千百年来都是跟着强者混，相当于是当弟弟。

只有明治维新之后，尤其是从甲午战争到太平洋战争将近半个世纪的时间里，日本处于当大哥的阶段，铸造了属于日本的一时辉煌。

根据立体史观大周期律，文明更迭带来的历史机遇是千年一遇。

华夏文明曾经在农耕文明阶段取得过辉煌的成绩，但在工业文明阶段落伍。所以清朝面对列强显得腐朽而老旧、笨拙又无能，对外战争中屡战屡败。最后实在没法子，才被迫"师夷长技以制夷"，搞起洋务运动。

日本作为华夏文明圈的一员，最初也被列强搞得晕头转向，无奈之际搞起明治维新，其实就是日版的"师夷长技以制夷"。

明治维新和洋务运动差不多同时启动，而且项目内容也差不多，都是办学堂、开矿、经商这些，都搞出一支在当时看起来很不错的舰队，大清叫北洋舰队，日本叫联合舰队。两支舰队挂牌成立的时间都差不多，北洋舰队是1888年，联合舰队是1889年。纸面上的战斗力，北洋舰队还略强一点。

但是，在甲午战争中，日本联合舰队对北洋舰队取得全方位胜利。甲午战争是日本历史上第三次赌国运，也是近代第一次赌国运，更是日本历史上第一次赌国运成功。

日本在甲午战争中胜利的原因,我在《民国梦与民国》中做过系统分析,有兴趣的读者可以去看一下。这里简单点一下。

日本明治维新除了"师夷长技以制夷"之外,还进行了体制性改革,颁布了包括所谓《大日本帝国宪法》(1889年)与《民法典》(1890年)在内的诸多关键性律法。这些律法让日本从体制上进入现代化国家,战斗力远胜清朝。

甲午战争之后,日本终于名正言顺地登上亚洲大陆,并且占领朝鲜,成为亚洲新晋大佬,获得大片土地、大笔资金(参见《马关条约》)。日本利用这些资源加速发展,并且在日俄战争(1905年)中再次赌国运成功。

东乡平八郎指挥联合舰队,在对马海峡中消灭俄国太平洋舰队之后,日本晋级列强。这是日本历史上前所未有的胜利与辉煌。

日本感觉前所未有地好,但也面临前所未有的危险。

因为胜利会刺激欲望上的贪婪。

贪婪与绝望

日本的贪婪,就是企图吞并华夏。

甲午战争之后,日本占了朝鲜和中国台湾。

日俄战争之后,日本拥有了外东北一部。

"二战"之前的日本,占领东北、外东北一部、朝鲜半岛和台湾,已经具备了成为超级大国的潜力。但是日本不满足,还是要发动侵华战争,妄图全面吞并中国。

日本以为自己能速战速决,但很快便发现自己陷入了战争泥潭。不论是正面战场还是敌后战场,中国人都不屈不挠。打得过,就和日本打;打不过,就和日本耗。反正坚决不让日本得逞。华夏儿女用自己的血肉筑成了新的长城。

日本为了维持战争机器,只好发动太平洋战争,掀起日本历史上第五次、近代历史上第三次赌国运。结果是赌输了,日本一夜回到解放前,终于为自己的贪婪付出了代价。明治维新之后吞并的土地全被吐了出来,工业文明带来的千年难遇的历史机遇就此终结。

了解日本简史之后,就能理解日本的精神世界。

精神世界

日本模仿大唐、模仿美国，但实际上，日本民族的精神既不像唐人，也不像如今的美国人。

精神气质这东西，并不在于你效仿的对象是谁，而是你拥有的现实世界决定了你的精神格局。日本人从没拥有过大唐或美国那种庞大的领土或财富，没有那种世界支配者的高度，没有体会过那种站在世界之巅的孤独，因此就不具备那种俯瞰天下的气度。

日本人的精神气质中有一种忧伤的压抑，就是那种离巅峰很近却无法登临绝顶的悲伤。这种气质更接近宋人。

宋，继承了黄河文明的精华，却逐渐丢掉了黄河流域。丢失尚武精神之后，宋人的精神世界便笼罩着一层厚厚的忧郁。即便是苏东坡与辛弃疾，精神底色也充满忧伤。所以看宋词，豪放派和婉约派，形式上是不一样的格律，但在精神底色上都是一样的无奈。

再对比一下日本文化，会发现惊人的相似：都是那种把东方美发挥到顶级，但总是流露出深入骨髓的忧郁，即那种可望而不可即的无力感，缺乏大开大合的格局。

这种精神气质好像很适合搞经济。宋朝的经济在所有中国朝代中最棒，日本经济也是位列世界前茅的。尽管过去 20 年，日本经济一直高位震荡，但依然强大而坚韧。日本依然是世界经济版图中不可忽视的力量。

04 日本首相的使命

就日本来说,当代最重要的事件之一,便是安倍遇刺身亡。

这件事从宏观周期上来说,让笔者想到了杨坚与杨广父子,又想起朝贡体系。杨广这个人其实非常复杂,他虽然把大隋给折腾没了,但他干的几件大事对中国和世界均影响深远。他对朝贡体系走向成熟,也是有贡献的。

日本首相和朝贡体系有什么关系?表面上没关系,实质上关系很大。当然这里的关系,并不是说当今日本给谁朝贡,而是笔者忽然想到日本首相这个位置在国际体系中的历史使命与现实宿命,可以从一种新的视角来解读。

从大历史角度,解析日本首相这个位置在国际关系中的历史和现实功能的,可能还没有。所以笔者的这个思路,可以说是原创性思维,也算是对立体史观的一种补充。简单来说,就是过去的二十四史以时间和空间为坐标讲故事,都是平面史观;立体史观则是以史实做原材料,以原则和规律重塑历史架构。

国际关系新解

纵观人类发展史——多少民族或国家兴衰起伏,去了又来,来了又走;有的早已湮没于历史长河,有的如同枯木逢春,还有的则是在走下坡路。

但论古往今来国际关系中的体系,主要也就朝贡体系、殖民体系与条约体系三种。

古代中国是朝贡体系的集大成者,日本的第一代老师,后被殖民体系摧毁。

大英帝国是殖民体系的集大成者,日本的第二代老师,后被条约体系取代。

美国则是条约体系的集大成者,也是日本的第三代老师。

这三大国际关系体系，容纳了人类文明史的大部分内容。这三大体系的碰撞，则是人类文明史最为惊心动魄的篇章。

日本在这三大国际关系体系中，都曾扮演过重要角色。日本首相在国际关系体系碰撞和改变中的历史使命，至今仍然没有完成；此事关乎日本国运、中日美三国关系走向，但遗憾的是，很少有人研究。

日本首相这个位置出现的时间并不算长，始于1885年伊藤博文废除太政官制，实行内阁制，到如今也才130多年。这中间换了60多位日本首相，以安倍执政时间最长。

当我仔细分析日本历史与国际关系时发现，这些首相的执政路线虽各有不同，但有一个共同的特质，用一个很新潮的词就能形容——破圈。

所谓"破圈"，其实也很好理解。某主播红了之后想破圈成为女明星，某流量社区想破圈成为互联网巨头。孤悬大洋的日本，也想破圈成为霸主。只不过日本破圈的方式很特殊。

日本曾经是中国最勤奋的学生，但是在甲午战争中给了老师最致命的一刀，彻底摧毁了东方的朝贡系统。

插刀昔日老师之后，日本成了大英帝国身后勤奋的学生；"二战"时又给了老师一刀，成为毁掉殖民体系的主角之一，顺便把自己也毁了。

战后日本成为美国身后的学生，啥时候给美国一刀，这个目前还说不准，但这是日本首相的使命。反正这一刀插下去的时候，条约体系就得重新构建。

为什么要说这个事？因为日本之前每次对老师插刀，以及未来对美国插刀，都是日本首相在国际关系中必须承担的历史使命。或者简单来说，日本首相的使命就是"插刀教"的教主。

至于未来给美国插刀的日本首相是谁？这是一个概率问题。

日本梦

朝贡这种事在中国很早就有。但朝贡作为一种国际体系，大约成熟于隋唐时代。强势的王朝，把朝贡思想制度化，演变为东亚国际关系中的朝贡体系。当时的中国是宗主国，周边国家为藩属国。

朝贡体系的思想基础是传统中国的"天下观"，核心是"华夏中心论"，就是说中国是天下的中心，离中国越远的地方越蛮荒。

越南、朝鲜、琉球等，都曾长期在朝贡体系中扮演藩国角色。日本则游离于这个体系的边缘，偶尔朝贡一下，试探下虚实。

日本非常羡慕这套国际体系中的宗主国位置，一方面对中国的制度与文化全方位吸收；另一方面积蓄力量，等待机会破圈。具体套路就是尝试拿下朝鲜、登上大陆，最终取中国而代之。

从唐朝到明朝，日本试图登上大陆的破圈计划都以失败而告终。日本明白在朝贡体系中，自己只能是跟随者角色，没有机会实现当宗主国的梦想。

时间来到清末，日本却成功破圈，在甲午战争中击败大清，成功占领朝鲜。关于这段历史，大家已经很熟悉。但在此之前的两场鸦片战争，以清朝为中心的东亚朝贡体系已经被以英（法）国为中心的殖民体系摧毁。

此时的日本梦也发生了变化，从追求当朝贡体系宗主国到追求当殖民体系宗主国。就是说日本要效法欧洲列强，开拓殖民地。

朝贡体系 VS 殖民体系

朝贡体系为什么干不过殖民体系？表面上是一个经济问题。

朝贡体系的经济逻辑是：藩国拿点贡品过来，得到面子；宗主国回馈大量的财物回去，丢了里子。它是一种放血经济，典型的如郑和远航，成了国家级烧钱游戏，不可持续，并没有真正意义上扩大朝贡体系版图。

殖民体系的经济逻辑则是：宗主国要从殖民地吸血；无论是用政治军事手段还是用经济手段，都要不停地掠夺。它是吸血经济，虽然残酷，但可持续。典型的如欧洲大航海，获利颇丰，并推动殖民体系走向了高峰。

经济问题的实质，是文明周期问题。殖民体系的英国建立在工业文明之上，朝贡体系的大清建立在农耕文明之上。

日本看到殖民体系的好处，便开始搞明治维新，脱亚入欧。明治维新的标志性人物之一，就是伊藤博文。他多次去欧洲考察，先后从经济、政治、体制上推动日本变革。

伊藤博文(日本第1任、第5任、第7任、第10任首相)(图片来源:百度百科)

所谓的《大日本帝国宪法》与《民法典》等奠定日本历史走向基调的律法,都是伊藤博文主持修订的。1885年日本内阁制诞生,也是变革的一部分。伊藤博文因此出任第一任首相。

从某种意义上说,日本首相出现的历史使命,就是带领日本告别艳羡了千百年的农耕文明朝贡体系(脱亚),向崭新的工业文明殖民体系迈进(入欧)。伊藤博文在内阁首相(第二次担任首相)的位置上化身插刀教教主:发动甲午战争,第一次赌国运,成功击败清帝国,实现历史性破圈。日本由此登上亚洲大陆,并把朝鲜半岛变成自己的殖民地,真正开启殖民征程。

梦 断

朝贡体系中,日本没机会当宗主国;殖民体系中,日本尝到了当宗主国的甜头。于是日本决定一条路走到黑,开始发动日俄战争,第二次赌国运,又赢了;部分外东北土地成为其殖民地。

随后日本变得贪婪无比,制造"九一八事变",把中国东北变成其殖民地;最后丧心病狂地发动全面侵华战争,妄图拿下整个中国,终于陷入人民战争的汪洋大海。

日本虽然占领了不少殖民地,尝到了当宗主国的快感,但在殖民体系中,日本仍然受到很大制约,确切地说,就是缺乏资源。于是出于需求,日本被迫最后一次赌国运,发动太平洋战争,到东南亚那边去抢资源;相当于给英国老师插一刀。

从甲午战争到第二次世界大战,前后约半个世纪的时间。日本首相从伊藤博文到东条英机,虽然派系各不相同,但目的都一样,就是推着日本在殖民体系中狂奔。

最终奔向一条不归之路。

战争的结果,就是日本被中、美、苏、英彻底击败,一夜回到解放前;之前占领的土地全部吐出来。

关于第二次世界大战,有很多种解读,但是,从国际体系来讲,是殖民体系崩塌、条约体系崛起。不论是战败国日本,还是战胜国英国,都无一例外地失去了绝大部分殖民地。

条约体系取代了殖民体系,国际关系由此进入条约体系时代。日本在这个体系中尝到了甜头,也吃足苦头,现在正在苦闷中。

条约体系的蜜与毒

条约体系大概可以追溯到17世纪。

1618—1648年,欧洲进行了残酷的30年战争。交战双方从1643年开始和谈,到1648年10月签订和约,史称《威斯特伐利亚和约》。

它是世界上第一次以条约的形式确定了维护领土完整、国家独立和主权平等的国际法原则。第一次提出了主权国家的概念,确定了以平等、主权为基础的国际关系准则。根据这一条约,独立的诸侯邦国对内享有至高无上的国内统治权,对外享有完全独立的自主权。欧洲开始确立常驻外交代表机构的制度,进行外事活动。

条约体系的实质就在于,基于国家主权的世界秩序开始形成。这种精神最初看起来犹如理想主义色彩浓厚的乌托邦,并不被广泛认可。欧洲各国依然在全世界争抢殖民地,欧洲国家之间的战争从未停息,并最终引发两次世界大战。

但是,在惨烈的第二次世界大战之后,大家发现,还是条约体系更实际一些。于是殖民体系崩塌了,美国和苏联成了条约体系的最大受益者。苏联解体之后,美国成了条约体系的最大受益者。

日本在条约体系中,被美国牢牢捆绑,扮演被美国支配的角色。不过,日本依然在条约体系中享受到很多好处,主要是在美国的帮助下,战后经济迅速崛起。同时也受到很多羁绊,就是被捆绑在美国战车上,必须服从美国的战略利益。

战后的日本首相,大部分来自五大政治世家,他们对内的施政方针千差万别,但对美国则始终如一。以安倍家族而论,从安倍的外公到安倍本人,都在小心翼翼地维护美国的战略利益。即便日本很想东亚一体化,但不符合美国的战略利益,就不能推动。安倍第一次担任首相期间,尝试亲华,很快就干不下去了;第二次上台,选择单向紧抱美国大腿,顺顺利利打破日本首相执政时间纪录。

日本首相是亲华还是亲美不是重点,他们的最终目的是实现所谓"国家正常化",追求在条约体系中破圈,就像当年追求在朝贡体系中破圈一样。

再破圈的动力

通过上面的论述,大家应该已经明白,日本首相这个位置的历史使命,就是带领日本破圈。

朝贡体系中,日本一直想破圈而不得;日本首相这个位置出现之后,方才成功。

殖民体系中,日本尝到当宗主国的甜头,一路狂奔,但最终赌输了所有,明治维新之后破圈带来的成果化为乌有。

安倍之前的日本首相,追求破圈条约体系的动力不足。一方面是美国过于强大,日本不敢轻举妄动;另一方面,日本自己充分享受到条约体系的红利,经济快速发展。这个局面类似于汉唐时代,日本想的也是如何吸收古代中国的先进文化。等到明清时代,日本觉得已经没什么好吸收的,就想疯狂破圈。

现在日本面临的问题主要是:

第一,人口老龄化,年轻一代越来越"佛系",社会活力下降。

据日本总务省2023年4月公布的统计数据:日本新生儿人数比上年减少3.2万,为79.9万;死亡人数为153万,同比增加9万;总人口减少70多万。这已经是日本连续16年新生儿人数低于死亡人数,而且看不见逆转趋势的可能。

其次是老龄化和少子化问题。

日本15岁至64岁劳动力人口为7 420.8万,占比59.4%,与上年创下的历史最低水平持平;65岁以上老龄人口为3 623.6万,占比29%,创历史最高纪录;14岁以下人口降至1 450.3万,创历史最低纪录。与人口在4 000万以上的其他国家相比,日本14岁以下人口占比最低,65岁以上老龄人口占比最高,呈现出极端的少子老龄化发展趋势。极端的老龄化与少子化,会造成人口结构失衡。如果按照这个趋势发展下去,日本人口总数很快会下降到1亿以下。

大家可能会觉得人口问题并不严重。实际上这会对日本的国运造成严重影响。

影响1:消费层面。人口减少与变老,消费需求就会减少,经济就会不振。像日本这种连续十几年人口减少还能保持经济高位震荡,已经非常强悍了。

影响2:产业链层面。每一条产业链都需要人口支撑。日本人口持续减少,劳动力就会持续减少,能支撑的产业链也会持续减少,经济规模缩减不可避免。

影响3:社会与思想层面的萎缩。

毫无疑问,日本人口危机正在刺激日本社会的神经。从社会层面看,由于地缘环境恶劣,日本人的忧患意识很强。人口问题正在演变成一个种族的生存危机,也是对执政党的巨大压力。这种危机,毫无疑问从经济层面已经很难扭转了。过去很多年,日本试图在经济层面扭转人口危机的努力都失败了。这种压力考验着历任日本政府。

第二,政治上受美国牵制太深,缺乏独立自主性。

第三,经济高位震荡停滞,高科技产品并没有充分市场化。

但这三大问题,换一个角度看,也是日本破圈条约体系的动力。那么突破现有的条约体系,日本就能解决现存问题吗?

回答是,至少能解决部分问题。像高科技产品,如果没有美国限制,仅中国市场就足以让日本企业吃饱喝足嘴流油。以半导体行业而论,日本的技术加上中国的市场,就是一份前所未有的巨大蛋糕。然而现在日本只能眼睁睁看着中国市场流口水,因为日本缺乏自主权。

分析日本首相这个位置,一定不能忘记宏观历史格局。现在日本面对条约体系的心态,类似于明清时期的日本面对朝贡体系,破圈的冲动会越来越强烈。不论日本首相是谁,在吃完条约体系的红利之后,追求的历史使命会越来越明晰。

05 韩国的今生

要说韩国,离不开朝鲜半岛。整个半岛的地缘结构是东高西低,所以不论是北边穿过平壤的大同江,还是南边穿过首尔的汉江,都是由东向西流。只有东南角的洛东江由北向南流。

朝鲜半岛与华夏文明有着千丝万缕的联系,历史也算绵长。

自古以来,中原文明向东辐射时,大致路径都是经辽东半岛到辽河平原,再往东进入朝鲜半岛,然后到日本。所以历史上大部分时间,朝鲜半岛的中心为北部的平壤和开城,因为那里离辽河平原比较近,容易接收中原文明。

直到明朝初期,李成桂定都汉城(首尔),半岛才算形成北部平壤、南部汉城(首尔)的格局,一直延续到今天。"二战"之后,美苏划"三八线",其实就是以平壤和汉城(首尔)为中心划的界。

所以,韩国的地缘很简单:

汉江入海口处形成首尔都市圈——首尔特别市、仁川广域市和京畿道,这是韩国的心脏地带;加上北汉江中游的春川和南汉江中游的忠州,相当于韩国的半壁江山。

洛东江入海口的釜山是韩国第二大城市,再加上中游的大邱、安东,又占了韩国的小半壁江山。

韩国的故事从"二战"之后开始:李承晚政府在南,金日成政府在北,后面又打了一场战争,才算彼此安定下来。最初韩国经济比朝鲜还落后,到1960年韩国人均GDP还不到朝鲜的1/3,直到1970年才追平朝鲜。

韩国山多地少、空间狭窄,周边的中俄都是庞然大国。对韩国来说,连日本都是大国,只有朝鲜不算大国,却很强硬,弄了很多火炮对着南边。

在这种极端恶劣的情况下,韩国经济为什么能发展起来,并在全球诸多领域占有一席之地呢?这中间有国际博弈因素,更有韩国自己的努力。其起点则是一个充满争议的人物——通过军事政变上台的独裁者朴正熙,他带领韩国走上大建设之路。

独裁者与建设者

众所周知,韩国总统是世界上风险最高的职业之一。

韩国开国总统李承晚,堪称"国父"级人物,1960年被迫下野,晚年流亡异国他乡、郁郁而终。尹潽善成为第二位韩国总统,但很快(1961年)遭遇政变。而发动政变的正是当时的韩军少将朴正熙,也就是朴槿惠的父亲。

通常情况下,军人发动政变不过是一个独裁者推翻另一个独裁者。但朴正熙不同,他除了是独裁者,还是建设者。

1961年之前的韩国,穷得叮当响,靠美国援助过日子。朴正熙夺取政权后就把重心放到建设上,他干的第一件事儿,就是把当时韩国11位举足轻重的大企业家"请到青瓦台喝茶"。名单上第一位,正是三星集团的创始人李秉喆。当然"请喝茶"的意思,也可以理解为逮捕。

通常情况下,逮捕大企业家是为了搞钱。但朴正熙不太一样,他是要他们引进外国资本,从国外搞钱来国内搞建设。当然说得动听一点,就是要这帮大企业家站队支持自己以经济为中心的政策。因为在朴正熙看来,这些人都是投机倒把的"非法敛财者",得逼着他们向企业家转变。

从1961年开始,韩国的命运再一次发生转折,确定了政商一体的经济模式,全力发展经济;开启城市化运动,把农村青年培训成"产业战士";拉开"20年汉江奇迹"之大幕,跻身"亚洲四小龙"(中国台湾、中国香港、新加坡、韩国;起点最高的是中国台湾,起点最低的则为韩国)之列。

韩国胆子大,步子也大。比如说1971年,韩国要攻克重工业,在没有任何人才和技术储备的情况下就敢尝试造船。当时由朴正熙牵头,郑周永(现代集团的掌门人)先厚着脸皮到希腊船王那儿拿到两艘25万吨级超级邮轮的订单,再向巴克莱银行借款5 000万美元,接着派大量人员去日本、挪威学习造船技术,一边学、一边干,两年后船厂还没建完,邮轮订单已经完工,堪称工业史上的一个奇迹。

当然发展经济,还需要外部市场和渠道。要知道韩国本来就很小,首尔就在"三八线"旁边,在北方的火力覆盖之下,安全也是问题。这些都需要抱住美国的大腿。

机会来自1965年,当美国逐渐陷入越南战争泥潭时,需要盟友支持。但很少有盟友愿意真心支持,除了韩国。随后七八年时间,一直有一支大约5万人的韩国军队在越南战斗,很多人战死。

但韩国获得了巨大的回报:不论是资金还是市场,抑或是技术,韩国企业都有了质的飞跃。韩国那些很牛的企业都是在那时起步的。

朴正熙为什么那么干?因为他看到了日本从朝鲜战争中得到的好处,于是复制经验,想带着韩国从越南战争中捞一波。而且美国的市场足够大,韩国生产多少东西都吃得下。朴正熙的精明之处就在于,对内整合资源,对外充分利用了美国这棵大树。

历史上,朴正熙充满了争议。他早期和日本合作,在关东军中服役,堪称国家叛徒。但掌权之后,又带领韩国创造了"汉江奇迹"。所有这些矛盾在1979年爆发:朴正熙被杀(枪手金载圭为朴正熙心腹,情报局局长),成为韩国历史上首位被刺杀的总统。

很多人不明白,朴正熙被杀是韩国历史的另一个转折点,意味着韩国的主导权从军政强人转移到大财团手中。

韩国进入大财团时代。

大财团时代

朴正熙时代,那些顺从政府、忠实执行政府政策的企业,往往能够获得极其优惠的金融贷款和财政补贴。而有些产业一旦获得生产许可证,很快就形成市场垄断,成长为财团。如此一来,政府、企业、银行三者之间逐渐形成了紧密的联合体,甚至被形容为"魔鬼三角",它们共同改变了韩国的历史。

而且韩国人非常聪明,他们最初把财团当成兵团搞建设,不同的财团倾向于不同的领域:

韩国第二大财团——现代集团,有现代汽车、起亚汽车、现代摩比斯汽车零部件、现代重工四家世界500强企业。单凭一个现代集团,就让韩国在世界汽车领域占有一定的分量。

韩国第三大财团——SK集团,业务重点在电信和石油能源化工。很多人也许不知道,资源匮乏的韩国居然是个产油国,原因很简单:SK集团在十几个国家拥有油田,并且从事石油开采业务。电信方面,韩国的平均网速在世界名列前茅。

韩国第四大财团——LG财团,旗下有LG电子、LG显示和GS加德士(主业为炼油和生产润滑油)三家世界500强公司,主业其实就是电子和炼油。

此外,韩国还有搞百货的乐天、搞制铁的浦项、搞化工产业的韩华。

如此这般,韩国把各个财团之间的分工搞得相对明确,并且取得了一系列战绩。很明显,这些财团有浓厚的军团思维。这种军团思维最初来自朴正熙的军人生涯,随后被各大财团的掌舵人发扬光大,而且他们继承了朴正熙的精明。

也许韩国人在战场上不太行,但是把军人思维搬到商场上形成财团之后,却帮助韩国在世界上赢得一席之地。从某种意义上说,韩国在世界上的分量,就是韩国财团在世界上的分量。

韩国财团的分量,体现在一些优势产业中。韩国最大的优势在显示板产业,堪称霸主。该产品在每年中国进口的工业品中一直名列前茅。在非常赚钱的半导体产业,韩国也处于第一阵营。三星和海力士两家就能让韩国占据仅次于美国的江湖地位。而中国产业升级的主要目标之一,就是要拿下高端半导体这个山头。另外,在智能手机和电视机这种大件消费品领域,韩国也处于世界第一阵营。这些拳头产业都是韩国影响世界的筹码,也是韩国财团的压箱石。

朴正熙遇刺之后,再也没有军政强人能压制住这些财团。所以朴正熙之后的韩国总统,大多进了牢房。仅仅这些年,就有李明博、朴槿惠两位来自青瓦台的总统进了牢房。之所以如此,就在于韩国蜕变为"小国家,大企业"模式。这种模式有优点,但缺点也很明显。民选政府开始渐渐被财团左右,形成"铁打的财阀,流水的总统"的格局。韩国政府,成为经典的"背锅侠"。

中国列车

财团有其历史贡献,但也有弊端。按照历史发展趋势,财团经济必然导致阶层固化。

韩国地狭人稠,其土地问题的核心在于70%以上的土地成为少数人的私有财产,并被当作投机的手段谋取大量利益。韩国著名社会活动家孙洛龟在《房地产阶级社会》中统计过,韩国私有土地中有63%被占总人口5%的土地富人所垄断。

韩国财团经济最典型的例子是三星。

李秉喆原本是投机倒把的,自从被朴正熙"请喝茶"之后,三星在政府的扶持下开始多元化扩张,首先进入最赚钱的电子行业,随后在石油化工、重工、造船、酒店等板块赚得盆满钵满;接着在电子通信、美术馆、医疗器械领域开疆拓土。到1987年李秉喆去世前,三星集团已经成为韩国第一大企业,产业遍布全国,业务多元化布局广泛,企业越来越大,营业额和利润越来越高,三星成了一个近乎不死的庞然大物。

人称韩国人一生都无法避免三样东西:死亡、税收和三星。韩国人只要活着,就要和三星打交道。因此,有喙语云,韩国完全可以改名为"三星共和国"。

这种阶层固化必然导致社会发展停滞,人口生育率下降。但是在过去20年,韩国经济发展速度在发达世界中还算比较出色。为什么呢? 答案是财团掌门人精明。

当初朴正熙为了发展韩国经济,不惜紧抱美国大腿。中国改革开放之后,韩国财团掌舵人同样看准时机,搭上中国高速发展的列车,充分发挥各自优势,享受中国改革开放的红利。

韩国商品的最大出口对象是中国,远远大于第二名的日本。

亚洲经济危机爆发之后的1998年,金大中总统一上任就宣布:"21世纪韩国的立国之本,是高新技术和文化产业。"当时大家都纳闷,韩国怎么拿文化立国?

然而,事实证明,韩国还真的玩出了自己的花样,韩流、韩剧可以说和英美流行文化、日本动漫文化一样成为全球流行文化之一。中国的青少年,很多有韩国偶像。中国有多少人知道韩国邪教问题严重? 但很少有人不知道韩国的帅哥美女。

文化产业不仅能塑造国家形象,而且很赚钱。韩国的美容、化妆品行业,甚至韩国料理都因此获益匪浅。可以说中国这趟高速发展的列车,韩国吃足了红利。

纵观韩国历史,起点不高,但因为精英阶层精明强干,创下了一份傲人的家业。

但韩国终究不是所有的事儿都能自己做主,尤其是受美国影响巨大。韩国的军事指挥权在美国手上。三星集团的股权,大部分由国际资本,尤其是华尔街资本掌控。很多时候韩国需要身不由己地迎合美国的战略诉求,比方说前几年萨德入韩,很明显不符合韩国利益,但也无法拒绝。最终韩国产品在市场上备受冲击。

韩国精英此前布局的战略红利逐渐丧失,财团经济的弊端逐渐显露出来。经济增长率逐渐下滑,人口生育率逐渐走低,现在的韩国又到了一个战略十字路口,到了需要像1961年的朴正熙时代或亚洲经济危机之后那般重新选择战略。

不过,韩国不像日本那样有称霸的野心。韩国其实就想过好日子,在大国之间左右捞好处。为了做到这一点,韩国充分发扬了某种政治智慧,就是把所有的过错让总统一个人背,站错队也可以轻而易举地改回来。

06 韩国的"智慧"

地球村一直流传着这样一个说法：韩国总统总是不得善终，遭遇政变、遇刺、自杀、被捕等，堪称最高危的职业。其实在地球村，很多国家元首很危险。比方说美国总统遭遇刺杀的概率比前线士兵的阵亡率还高。论危险系数，到萨达姆为止的伊拉克元首比韩国总统更高。

萨达姆之后，伊拉克元首逐渐恢复正常状态，但韩国总统还在宿命中轮回。现在只有文在寅退休之后，还能过上自由日子。

我最初接触到韩国这个规则时，和很多人一样，把它当成茶余饭后的谈资。后来想想不是那么回事。

如果是一两个总统翻船，那可能是他们自己的问题。每一个大领导贪腐都会造成一方民不聊生。世界上很多小国混乱不堪，人民忍饥受饿，权贵却富甲一方。这种贪腐大佬倒台，大家自然是拍手称快。

如果是三五个总统有问题，可能是制度太严苛，导致"官不聊生"。当然"官不聊生"是个伪概念，不论多么严苛的制度，即便是大明朱元璋时代，官也永远比民生活得好。

如果一段时间内所有总统都有问题，可能是国家在动荡，如伊拉克。

但所有韩国总统都有问题，让很多人百思不得其解。一开始我也想不明白是怎么回事。后来慢慢琢磨，某日脑海里灵光一闪，自认为找到了这个问题的答案——因为韩国人太精明了。

韩国总统都不得善终，体现了韩国人独具特色的政治"智慧"。

为什么这么说？

另类智慧

众所周知,国家要安定发展,需要一个稳定的政治环境。

稳定的政治环境需要有稳定的领导班子。

持久的稳定需要领导班子顺利交接,这叫政治传承。

政治传承紊乱会给国家埋下不安定因素。如苏联,赫鲁晓夫批判斯大林,就打乱了苏联的政治传承,结果他自己遭遇勃列日涅夫政变,灰溜溜下岗。苏联解体很大的一个因素,就是政治传承断裂,导致精英阶层迷茫。

至于其他失去政治传承的国家,如东南亚、南亚、中东、东欧、非洲、中南美洲的很多国家,一旦失去政治传承,更是乱成一锅粥,老百姓遭殃。

韩国的特殊之处在于,总统权力交接比任何国家都乱,而且是一直乱。但韩国一直在发展,经济在不停地发展,最终变成发达国家。三星集团、现代集团等,都发展为赫赫有名的跨国企业。

从不发达国家到发达国家,相当于在国家层面完成一次阶层跃迁,这很难。不要说一个国家,就是一个普通人,想完成阶层跃迁都很难。大家不妨掰手指算一下,"二战"之后完成阶层跃迁的国家或地区有几个?主要就是"亚洲四小龙"。阿根廷与南非差点就成功了,但最终还是功亏一篑,跌落成发展中国家群体中的一员。

韩国能在总统几乎没有善终的局面下完成阶层跃迁,在"二战"之后的历史上是独一无二的存在。即便放在整个历史中,韩国的案例都非常罕见。

这就是韩国的政治智慧之所在,尽管这智慧看起来很另类。

舆论界经常调侃韩国,但同时也得承认韩国的政治智慧。毕竟人家短短几十年就变成了发达国家。

内 涵

韩国这种政治智慧的内涵其实很简单,就是所有问题都让总统一个人"背锅"。

众所周知,每个国家发展过程中都有很多问题,但解决问题的方式各不相同。在南非,曼德拉彻底改变了统治国家的种族结构(用黑人替代白人)。在伊拉克,就是打打杀杀。

在韩国,总统看似不得善终,但韩国发展的趋势并没有被打乱。不论是朴正熙遇刺还是卢武铉自杀,或者其他总统进牢房,韩国始终在发展,稳稳当当地变成发达国家。

韩国所有的乱都局限于总统换届这个局部小区域,没有波及大众层面,相当于把发展过程中出现的问题全部推给总统,所有的锅让总统一个人背。简而言之,就是在韩国发展的道路上,通过牺牲总统这么一个角色去化解大部分矛盾,用最小的牺牲换取最大的利益。

需要独裁者集中力量办大事,出现了朴正熙。当社会矛盾激化时,朴正熙遇刺。因此,韩国这种"政治智慧"非常有特色,也非常有效。

那么,韩国为什么会出现这种独具特色的"政治智慧"呢?

从历史层面看,自古以来半岛的事儿,半岛说了不算。因为在历史上,半岛经历过"三国演义"和"南北对立""藩国时代"。无论是唐朝、明清,还是近现代,半岛都是大国博弈的角斗场。尤其是"二战"之后,中美苏(俄)日博弈,半岛局面前所未有地复杂。韩国选择倒向美国。当然美国是老狐狸,利用韩国的依赖,对韩国各行各业进行全面渗透。韩国也不简单,依赖美国的同时也在利用美国,利用美国对冲总统不得善终所引发的动荡与危机。别国的国家元首非正常更迭都会乱,但韩国没有乱,就因为其利用了美国维持自身平衡。

世界上依赖美国的国家或地区其实不少,但如韩国这种化被动为主动,利用"对美国依赖"者极少。所以说韩国人的政治智慧体现出韩国人极致的精明。

另外,韩国在"利用美国"这件事上不仅仅是精明,还有坚韧与勇敢。要知道当年朴正熙带领韩国完成的"汉江奇迹",离"三八线"并不远,就在朝鲜大炮射程范围之内,没有强大的神经是办不到的。而且当年为了发展,韩国人的胆子很大。比方说1971年,韩国要攻克重工业,在没有任何人才和技术储备的情况下就敢尝试造船。

简而言之,韩国的"政治智慧"就是让总统背锅,这是一种无奈,也体现出韩国人的精明与坚韧。其实这世界上每个国家都不容易,正如每个人都不容易一样。

东南亚篇

传统的东南亚充分受到华夏文明辐射。但是，在近代，由于中国陷入历史低谷，西方文明随着列强的坚船利炮和意识形态在东南亚各地渗透。

"二战"之后，美国为了遏制苏联和中国，提出了岛链思维。具体来说，就是按照海权思维控制大陆周边的岛屿，对大陆国家实现制衡与封锁。

01 特殊的新加坡

在第二次世界大战之后,真正从贫穷落后一跃成为发达经济体的国家或地区只有四个,即韩国、新加坡,以及中国的台湾和香港。

新加坡独立之时,可谓一穷二白,但是在美国的帮扶下,在华人领导层的睿智领导下,迅猛发展。如今的新加坡,不仅扼守马六甲海峡黄金水道,更是成为国际金融中心之一,非常不容易,也非常难得。

新加坡的权力传承非常有趣。2023年9月1日,地球村迎来一场不太为人们所关注的选举——新加坡总统大选。这是一场颇有特色的权力交接。

提起新加坡政坛,大家首先想到老李家。毕竟新加坡独立这些年,李光耀和李显龙父子的作用非常明显。但实际上,新加坡总统才是国家元首。只不过新加坡和印度、德国的体制类似,代表政府首脑的总理才是掌握大权的那个人。

要说新加坡总统没作用,那也说不过去,实际上新加坡总统起到一个平衡器的作用。

为什么说这次大选特殊呢?大家看新加坡历任总统的籍贯,在此之前,新加坡经历了8位总统,分别是3位华裔、3位马来裔、2位印度裔。这次获胜的尚达曼是新加坡第九位总统,也是印度裔。从此以后,新加坡总统变成华裔、马来裔、印度裔三足鼎立。

因为新加坡是一个以华裔为主的移民小国,所以在国家元首层面经常出现华裔是很正常的现象。另外,新加坡是从马来西亚独立出来的,又背靠马来西亚,所以马来裔也经常出现在国家元首位置上。印度人离那里很近,对东南亚影响也挺大,所以会出现印度裔新加坡总统。

当然，对新加坡来说，总统只是"虚君"，总理才是话事人。新加坡迄今为止经历过三位总理：李光耀，不仅奠定了新加坡的基础，而且把新加坡从一穷二白带到了发达国家，是东南亚唯一的发达国家；吴作栋，虽然远不如李光耀耀眼，但也带着新加坡在冷战结束之后，享受到了全球化的红利；李显龙，大家原本以为他就是靠父亲荫蔽的"二代"，实际上他主政期间，充分利用了大国博弈的机遇，让新加坡升级为世界级金融中心，也算合格。

以上三位新加坡总理都是华裔，李显龙让渡权力的黄循财也是华裔"二代"。换句话说，是华裔带领新加坡独立、崛起并维持繁荣。这也充分体现出华人在新加坡的地位、治国能力和政治智慧。

在总统大选之前，李显龙总理已经决定退隐。其实如果李显龙不让渡权力，那么他至少还可以再干好几年。按照常规逻辑，权力有着致命的诱惑力，政客都想要将其紧紧抓牢，而不是让出去。即便让出去，那也是像柬埔寨的洪森那样，让给自己的儿子。李显龙让权，并不是因为他本人和别的政客不一样，而是有一些因果使然。

原因1：年龄问题

李显龙说，新加坡不应该有70岁以上的领导人。此前他曾提议在自己70岁生日之前（即2022年2月）完成权力交接，但该计划因新冠疫情而被打乱。

李显龙2023年71岁，对比普通人并不算小，也该退休了；但对比当今地球村的政坛，并不算大，他和普京是同龄人，至少普京在未来一段时间还会继续领导俄罗斯。如果对比年过八旬的拜登，李显龙算是比较年轻了。美国2024年大选，还是特朗普和拜登对决，他们都比李显龙年纪大。所以对当今地球村的政坛来说，年龄问题并非最主要的。

原因2：权力平稳过渡

对于一个成熟的国家来说，权力平稳过渡、保证政策的连续性，才是更为重要的问题。新加坡能够在短短的时间内从一穷二白变成发达国家，其中一个很重要的原因就是政策的连续性。新加坡总统经常更换，而掌握实际大权的总理更换频率很低，这保证了政策的实施不受干扰。

李光耀晚年，其实也可以继续干下去，但他选择了在自己尚有威望的时候把权力平稳让渡给吴作栋（1990年）。直到2015年，李光耀才去世，那时李显龙早已站稳脚跟。

或许,李显龙也在效仿李光耀,在自己影响力足够大的时候隐退,保障权力平稳过渡。等到八年、十年之后,再看能不能有老李家第三代接棒。

原因3:腐败问题

李显龙说,"保持廉洁是新加坡人民信任执政党的根本原因,并授权我们组建政府和与我们共同努力……没有党纪,没有廉洁,我们什么都不是!"这话说得没毛病,而且过去几十年,新加坡政府的清廉指数也较高。但这种清廉似乎在发生变化。

2023年7月14日,新加坡交通部长易华仁因涉嫌贪腐和利益冲突被逮捕,成为新加坡近40年来首个涉嫌贪污的内阁成员。7月17日,国会议长陈川仁和人民行动党议员钟丽慧因婚外情退党并辞去议席。种种迹象表明,新加坡政坛也出了问题。政治就是这样,同一拨人在一起久了,就容易滋生盘根错节的利益关系。这种情况下,便需要更换新的领导班子,方便从严整治。

那么在黄循财的带领下,新加坡政坛是否能重回清廉?很快就会有答案。

原因4:国际环境巨变

大国博弈这个大局,改变了周边很多国家的局势。日本、韩国、菲律宾这些美国传统盟友,纷纷右派上台。

新加坡也和日韩一样,是美国的盟友,有美国驻军。新加坡之前的国策也是在中美之间寻求平衡,那么接下来美国会不会裹挟新加坡站队呢?

数年之前的日本政坛,当时安倍晋三也是创纪录执政,眼看美国政策要变,赶紧隐退,把菅义伟扶上来。菅义伟继承了安倍的政策,但让美国不满意;在随后的选举中败给了岸田文雄。

李显龙扶持的黄循财,背景其实非常有趣。黄循财的祖籍是中国广东省潮州市潮安区庵埠镇。他曾经在一次访问中国时表示,"我从小就知道我是中国人的后裔,我对中国有着深厚的感情。"

他曾在谈及中美关系时指出,美国对中国尖端科技领域的打压不太可能"压倒中国"。他同时警告,美国与中国开展"极端竞争",可能对全球造成"灾难性"影响。换句话说,黄循财的立场和前几任新加坡总理类似,并不想明确地选边站队。毕竟这种立场对新加坡最有利,新加坡成为国际金融中心就是最好的例证。

与此同时,黄循财身上还有很多印度元素。他的父亲是一位华裔印度教商人,他本人也是华裔印度教徒。由于印度也在高速发展,并且在东南亚影响很大,他身上的印度元素有助于和印度打交道。

另外,黄循财的母亲是一位马来西亚的华人佛教徒,这层关系又有助于他和最重要的邻国马来西亚打交道。

简而言之,黄循财身上有很强的国际化色彩。

对美国来说,新加坡是影响东南亚的一扇门。因为有新加坡的存在,美国和东南亚各国打交道方便了很多。现在的大背景是,美国把中国视为头号竞争对手,要和中国争夺在东南亚的影响力。美国认为,仅以新加坡和菲律宾为抓手还不够,于是又把目光聚焦在越南身上。

02 越南之路

自从美国把中国列为头号竞争对手之后,美国内阁重要成员一个接一个往越南跑。2023年9月10日,拜登亲自访问越南。

综观当今世界,或许中南半岛上的越南是最有希望依靠制造业崛起的国家。

为什么越南如此特殊?

格局命脉

自古以来,越南和中国都紧密相连。

越南的地形非常有利,基本沿着南海的海岸线而分布,越南对面的金兰湾是亚洲地理位置最好的面海湾区之一。

在工业文明时代,工业产业链都是沿着江河或沿海码头而布局。越南的形状如同一根扁担,中间比较纤细而两头粗。南部为湄公河流域,以胡志明市为中心;北部是红河流域,以河内为中心。越南的这两条生命之河皆发源于中国。

亚洲大河,大多出自青藏高原。澜沧江起于唐古拉山北坡,出青藏高原之后被山脉阻挡,从云贵高原南下去中南半岛,在那里被称为湄公河。

中南半岛上的湄公河是世界第七大河流,也是亚洲最重要的跨国水系之一,流经中国、老挝、缅甸、泰国、柬埔寨和越南,在越南胡志明市流入南海。

实际上,越南的那块平原可以理解为湄公河冲积平原。湄公河入海口城市就是胡志明市,为越南南部的中心,好比珠江入海口的广州。

越南北部命脉为红河,在中国境内叫元江,发源于云南省西部哀牢山东麓。上源称礼社江,向东南流,与左岸支流绿汁江汇合后称元江,流经河口瑶族自治县进入越南后称红河。

整个越南北部,实际上可以看作红河平原,中心为面临金兰湾的河内。这个位置大致类似于面临渤海湾的北京。

文化基因

越南的文化之火起于北部,秦汉之前,那里是百越之地,和两广为一脉。那里最早的统治者相传为鸿庞氏,是神农后代。

秦始皇统一中国之后,派大军南下,把百越之地纳入帝国版图,并往那里移民且建郡。秦汉之交乱世,秦将赵佗建南越国并自立为武王。这是越南第一次独立出现于正史。

公元前111年,汉武帝灭南越国,建交趾、九真、日南三郡。此后长达一千多年,今越南中北部一直是汉朝、东吴、晋朝、南朝、隋唐的直属领土。这就是越南历史上的"北属时代"或"郡县时代"。

直到公元980年,击败五代十国的南汉独立,建吴朝。

越南虽然独立了,却一直聪明地以藩属国自居。此后的历史,除永乐年间(公元1403年—1424年)短暂直属于中原王朝外,越南一直处于藩属国地位。这种情况下,越南全方位受中国影响。

藩属时期越南的基本国策奉行"内帝外臣"。什么意思呢?就是表面上对北方的中原王朝臣服,谋求宗藩体系下的种种好处。但是在中南半岛上,越南王的地位与北方的宗主国平起平坐,自称皇越与大南,周边国家必须前来朝贡称臣,活脱脱的小霸主模样。

虽然本身是藩属国,但越南可没有闲着,一直在中南半岛由北向南扩张。越南用了大约500年的时间(从公元981年到1471年,对应中国宋、元、明),吞食了占婆的绝大部分领土(灭占婆)。随后越南又用了大约200年时间(从公元1471年到1698年),占领了泰国和柬埔寨的大量领土,得到湄公河入海口,就是今天越南的南部,以胡志明市为中心的湄公河三角洲。

从越南这段历史可以明显地看出,越南形成的过程中,并非气吞万里如虎,而是

"细嚼慢咽"。因此,越南所得的国土也是零零散散地增加。它们就是如今越南南部那些星罗棋布的省份。

所以现阶段的越南,虽然只有不到33万平方公里的领土,却划分出来58个省份(还有5个直辖市)。看下越南地图,一眼望去,密密麻麻全是省份,其中原因固然与越南领土形成的历史有关,但主要还是越南学着中原王朝的智慧,为防止某些地区封疆大吏尾大不掉、抗衡中央,对地方进行分而治之,于是就划出一大堆的省份。其实很多省份,还不如中国的一个市大。以云南为例,面积38万平方公里,比越南大,却只有8个地级市和8个自治州,每个地级市的大小相当于越南4个省。当然,不能以中国的体量去看越南,中国这么庞大的身躯毕竟是少数。国际格局中,大多数是中小型国家。

越南的省份,当市来看就行了,或者说当成日本的县来看。明治维新时期,日本废藩置县,把全国划分为43个县。县级干部直接由天皇任命,从而杜绝了割据的发生。需要注意的是,日本的县比市大,日本的县类似于中国的市。越南的情况也类似。

简而言之,华夏文明圈的国家,思维方式都差不多。这是文化基因决定的,或者从文化基因上来说,越南和中国非常接近,这让越南的崛起有着无与伦比的优势。

为什么这么说呢?

优势与趋势

直到17世纪工业文明到来之前,华夏文明一直处于世界文明第一集团。但是在近代历史上,华夏文明圈一直比较被动。一部近代史,读起来都是眼泪。但作为宗主国来说,清朝对朝鲜和越南还是尽责的。

英法全球争霸,英国在东方有了印度;法国看上中南半岛,在金兰湾步步为营,蚕食越南。当惯了霸主的越南,原本自我感觉良好,但在法国面前根本不够看,只好向宗主国求援。于是清帝国和法国打了一场中法战争。中国和越南军人都英勇作战,但是由于清帝国虚弱、慈禧太后和李鸿章软弱,战争结果变成"法国不胜而胜,中国不败而败"。

李鸿章(图片来源:百度百科)

　　1885年6月,大清北洋大臣李鸿章在天津会见了法国公使巴特纳。没有经过太多讨价还价,双方就最终签订了《中法会订越南条约》,确定了法国对越南的控制。越南就这样眼泪汪汪地沦为法国的殖民地。

　　到了19世纪末期,其实整个东方除了明治维新成功了的日本,都在苦苦挣扎。清帝国解体之后,中国又经过多年的动荡,直至1949年新中国成立。中国再次站起来之后,又帮助越南赶走法国殖民者,经历了一个完整的历史轮回。

　　美国试图取代法国强行介入,越南又在中国的支持下熬赢了战争。这是另外一个话题,暂且不表。

　　随后中越关系起起伏伏,汉语在越南经历三起三落;但在历史大潮中,越南的走势都是随中国而波动。在如今全球化大潮之下,中国是越南第一大贸易伙伴,而且贸易量逐年走高。

　　随着中国产业升级,大量的制造业往越南迁移,极大促进了越南制造业的增长,这对越南是一个巨大的利好。如今的格局已经演变成:在中国走向复兴崛起的路上,越南也进入崛起轨道。或者说,中国复兴崛起,越南也必然崛起。

　　究其原因,越南的地缘格局、文化基因以及承接中国的产业,奠定了其崛起的基本趋势。此外,还有一个更为重要的因素——人。

越南人

工业文明诞生以来,所有的崛起与复兴都建立在工业生产和商业贸易之上,其首要条件是人。

中国复兴,一个关键因素就是依托庞大的人口构建了无与伦比的产业链。全世界人口大国并不少:东南亚的印度尼西亚、菲律宾,南美的墨西哥、巴西,中东的伊朗,东欧的土耳其,这些国家都不缺人;还有印度,人更多。但是这些国家,未必真的能崛起。

与逐渐老去的日本不同,越南的人口结构正处于年轻化的"黄金期"。人均年龄不到 30 岁,15～54 岁人口占总人口的 70.17%。总人口接近 1 亿的越南有近 3 000 万精壮人口。

与无欲无求的菲律宾、印度不同,越南有着坚韧的民族性格以及勃勃野心。看一看越南历史就能明白,即便自己做藩属国的时代,也不忘开疆拓土。千年如一日的坚持,终于把疆土扩大了将近一倍,仅这番作为就令人惊叹。

与放荡不羁的墨西哥、巴西不同,越南人狠起来很可怕。比方说和美国的战争,带给美国人极大的震撼。在美国 200 多年的历史中,没有一场对外战争可以像越南战争那样激烈、持久、深入地触及灵魂。越南狠起来,自己都怕。

越南和中国一样,自古就是世俗文明形态,吃苦耐劳,很现实。中国人就是凭借这种精神,通过数代人的打拼,才有了今日的模样。越南的文化基因和中国类似,如今的越南人也很能吃苦耐劳,愿意拿更少的钱、干更多的活儿。这种民族一旦找对方向,就能爆发出惊人的能量。这就是在这个时代,越南崛起的天命。

越南自己也在抓住一切机会搞改革。

凶猛的改革

越南改革一直是热点话题,有几个关键点:

1986 年 12 月,越共六大提出"革新"路线——经济和政治改革同时进行。

1987年,出台《外商投资法》,吸引外资。

1990年,通过《私人企业法》,承认股份有限公司和私人有限责任公司。

1997年,土地改革,废除集体所有制。

2006年,改革国会,加入世界贸易组织。

2010年,建立官员财产公示制度,并在2012年通过《反腐败法》。

2017年,越南国会宣布废除用了40年的户籍制度。

2019年,宣布逐步取消公务员终身制,改成合同制,实施岗位竞聘制度。

简而言之,越南改革可谓一路狂奔。

综观越南这些改革,有些部分是参照中国的改革方案;有些部分类似韩国,比方说搞土地私有、废除公务员终身制等关键性步骤。

然而,不论是越南还是韩国,都与中国有着剪不断理还乱的关系,都离不开中国。

越南的不足之处

前面说了很多越南的优势,这里谈一谈越南改革中的不足之处。

过去20年,越南经济增速都维持在5%以上,成为经济增长最快、最稳定的新兴国家之一。2022年越南GDP增速达8.02%,超过中国、印度。这个成绩其实已经很不容易了,但很多人对越南仍然不认可,原因有这么几条:第一,越南离中国很近,对比中国经济的成就,会黯淡许多;第二,更重要的是,越南缺乏完整的产业链。

分析一下越南的经济结构:越南目前是消费驱动型经济,最终消费支出占GDP的比重长期保持在70%左右。这个经济结构类似于发达国家。然而越南并不是发达国家,单靠自身那些贫困劳动人民的消费能力,很难发展起来。因此,越南的GDP中有两大缺陷:

缺陷一,越南的贸易在GDP中占比不高。

越南要想继续发展,必须在贸易方面持续发力。因为有贸易需求,才有生产的动力,才能建工厂。越南决策层已经意识到这个问题,于是在2019年与欧盟签订双边自由贸易协定(EVFTA),在之后数年消除了双边货物贸易中99%的关税。在此之前,越南和其他国家(地区)已签署了十几项自由贸易协定,其中包括一项旨在削减亚太地区大部分关税的 11 国协议（CPTPP）。

越南这一连串迅猛的改革，主要目的就是要像当年的韩国那样快速融入西方价值体系。换句话说，越南为了提升贸易占比，拼了。

缺陷二，越南固定投资占比仅 25% 左右。

这个经济结构，相当于赤裸裸地写着——缺乏基建。

为什么基建很重要？想发展贸易，就要搞制造业。想把制造业搞大，就需要构建产业链。要建立制造业产业链，并非人民勤劳能干、盖厂房就完事了，背后需要道路、隧道、桥梁、水电等一系列基建配套，而这一切都是越南的短板。

当然，短板不可怕，可怕的是短板难以弥补。搞基建的几个关键要素：

其一，人，包括农民工和工程师。

越南有足够多的农民工，但缺乏批量生产的工程师。中国之所以能成为"基建狂魔"，那是因为高考扩招之后每年培养出大批理工科毕业生。越南急吼吼地搞改革，但忽视了关键性的人才培养。

其二，成本，包括材料、施工、征地。钢筋混凝土这些并不是高科技，可以通过贸易解决。但施工方面，如果缺乏足够的廉价工程师，成本会很高。为什么中国高铁在海外报价比其他国家便宜？就是因为中国有足够多的工程师。

最致命的也许是土地成本。越南在没能完成基建配套的情况下推动土地私有化，是一招战略性臭棋。土地私有化之后，必然会推高越南的基建成本。这对后发国家来说，是一个致命的羁绊。

当年韩国起步时，虽然土地也是私有的，但有两个独特的优势：第一个优势是，当时朴正熙铁腕独裁，虽然腐败滋生，但政令畅通，能集中资源办大事。越南现阶段更缺乏的也许是一个朴正熙。第二个优势是，韩国起步早于中国大陆，那个时候搞建设，征用土地的成本并不高。现阶段的越南，这样的路子已经走不通了，因为大家很快会把地皮和房地产炒起来。

所以越南改革可以搞得很像韩国，但注定成不了韩国。对越南来说，更为务实的选择是融入中国的经济圈，就像自古以来那样；与其押宝西方，不如融入东方。美国的最终目的还是想让越南成为牵制中国的炮灰。中国才是越南搬不走的邻居，中国的壮大可以让越南受益匪浅。

客观来说，越南从地缘、历史和文化层面，都不足以代表东南亚，甚至不足以代表中南半岛。在中南半岛上，至少还有两个与越南影响力不相上下的国家，分别是缅甸和泰国。

缅甸代表了中南半岛的乱。

泰国代表了中南半岛的和。

03 历史中的缅甸

乱 史

每个国家都有自己的个性,观察缅甸历史走势,可以为后世提供经验和教训。

中南半岛诸国:越南心比天高,总是想当霸主而不得。泰国看起来很乱,其实犹如形散神聚之散文。缅甸是一个佛教国家。按照通常印象,佛教世界比较温和;但缅甸很乱。2015年,缅甸内战的炮弹竟然飞到中国境内。

虽然缅甸很乱,但贯穿缅甸历史的,其实是一个"怼"字。

缅甸曾经怼元,被灭;怼明,后臣服;怼清,后臣服;怼英,被占领;怼日;被占领。

缅甸的特色就是,怼过无数大国,但都以失败告终,要么被占领,要么成为藩属国。但神奇的是,随后都可以满血复活。

怼完这些大国之后,又自己怼自己,把自己怼得一片混乱一团糟:萨尔温江下游的克伦族为民族独立而战(现在要求区域自治),内战由此开始。萨尔温江上游掸邦地区的果敢等民族武装力量加入反抗政府军阵营。

佛光之下的缅甸形成了这样一个循环:因怼而乱—因乱而怼—越怼越乱—越乱越怼。

在中国人的印象中,缅甸是东南亚小国。其实在地球村,67.7万平方公里的缅甸排名第39,算是典型的中等(偏大)国家。

这些领土共分为7省7邦。省,是华夏文明圈特色;邦,是印度文明圈特色。缅甸实际上就是华夏文明圈与印度文明圈的缓冲带。众所周知,处于两个文明带之间的国家注定不会平静。

所以从地缘角度看缅甸之乱,注定会影响中国与印度。尤其是现阶段,在中国经济逐渐向外辐射的情况下,周边的任何混乱都显得那么刺眼。

文化与地缘

中南半岛的大河,大部分从中国境内流出。

流向越南的红河在中国境内叫元江,入海处形成红河平原,为越南北部核心地带,河内就在那里。

流经老挝、柬埔寨、泰国的湄公河在中国境内叫澜沧江,入海处为湄公河三角洲,为越南南部核心,胡志明市就在那里。

流向缅甸的萨尔温江在中国境内叫怒江,伊洛瓦底江东源在中国境内叫独龙江。两者滋养了缅甸大部分地段,为缅甸生命之河。

所以不论是从地缘走势看还是从河流的流向看,位于中南半岛的缅甸,和中国是天然的近邻。

地势与河流相当于一个国家的基础硬件,种族会在其上迁徙。从种族角度看,缅甸同样和中国关系密切。

如今缅甸的主体人口为缅族,其前身为古代羌人中的一支,叫白狼羌。他们原本在川藏一带游牧,其中的一部分向南迁徙,沿着伊洛瓦底江、萨尔温江南下进入缅甸境内,本土化的过程中形成缅族。顺便说一句,中南半岛上的孟人、泰人、占人等民族,都是沿着云贵高原南流的大河南下,在河流的中下游平原学会农耕,演变成如今这个样子。

在古代,种族随着大河迁徙是一个漫长的过程,但是从公元7世纪开始,随着吐蕃的崛起,白狼羌人南下力度大增,缅族开始壮大。

虽然在地缘和种族层面,缅甸和中国很接近;但是在精神世界,缅甸接受了从印度半岛而来的佛教文明,而不是华夏世俗文明。这是为什么?

历史上缅甸曾经是一个崇尚武力的国度,险些一度成为中南半岛的小霸主。公元3世纪,缅族人在伊洛瓦底江河口三角洲建立了骠国,虽然是个具有国家性质的政权,却是很小很穷很落后的那种。

公元801年,骠国王子舒难陀携带乐师和乐器等前往大唐进行友好往来。但30年后,骠国被强大起来的邻国南诏所灭。大致相同的时代,孟族人建立的几个城邦在公元849年融合后成为蒲甘王国,并于公元1004年向北宋朝贡。

缅甸命运的改变,始于阿奴律陀。他在1044年成为蒲甘国王,经过一系列的战争后,首次统一了缅甸。

阿奴律陀的地位之于缅甸,相当于丰臣秀吉之于日本,被称为缅甸"三大民族英雄"或"三大帝"。在文化上,阿奴律陀独尊佛教,建造了一系列佛塔,被称为"缅甸阿育王"。缅甸的文化也便由此成型,其很多著名佛塔可以追溯到那个时候。

阿奴律陀为什么会独尊佛教而不是如越南那般引入华夏文化呢?原因大致有两个:

其一,缅甸在中南半岛最西端,离古印度地区只隔着一座山。在缅甸强势的时代,还曾占领过如今的印度东北部。诞生于印度的佛教,很早就通过陆地传入缅甸。尊佛教,也算是尊重历史文化。

其二,华夏地带大部分时间是中央集权的大帝国,缅甸原本已经是藩属国,如果引入华夏世俗文明,有被同化的风险。古印度相当于一个散乱的邦联,不用担心被其兼并。尊佛教,有利于保持自身独立性。这是政治上的战略考量。

所以缅甸虽然是佛国,却有一颗热爱独立自由之心,并且愿意为之而战斗。这种隐藏在佛光之下战斗的心,成了缅甸怼天怼地怼自己的根源。

缅甸虽然不大,但是战斗起来却惊心动魄。不论是印度还是中国,往中南半岛扩散影响,都绕不开缅甸,绕不开昂山家族。

04 昂山家族

1942年日本横扫东南亚,缅甸成为日军占领得最远的殖民地。

日本支持缅甸傀儡政府从英国手中夺回自己的"主权"。昂山素季的父亲昂山将军在当时的缅甸政府任国防部长。

中国第一期远征军协助英军入缅作战,最终败走野人山,伤亡惨重;戴安澜英魂长眠于海外。昂山当时扮演的就是日军的皇协军角色。

后来中国组建第二波远征军,在以滇西和印缅边境为两翼的东南亚战线上,强渡怒江、血战腾冲、攻克猛拉、围剿松山……

1945年5月1日,孙立人率新一军占领仰光,缅甸全境光复。

最后时刻,昂山对日本反戈一击,成了缅甸的民族英雄。但由于缅甸内部势力错综复杂,很多人并不认可昂山。于是在1947年,昂山被刺杀。当时的昂山素季才2岁。

随后昂山素季随她母亲去了印度,在那里接触到甘地的"非暴力不合作"思想;18岁那年去英国牛津大学攻读政治、哲学和经济,并嫁了一个英国老公,生了两个大胖小子。

直到1988年,她母亲病危,缅甸乱象丛生,昂山素季选择回国。

也就是在那一年,她的人生迎来最重要的拐点——创建缅甸全国民主联盟。

话说昂山被刺杀之后,缅甸进入吴努领导的民主议会制时代。那是文官政府,折腾了十多年没结果,最后在1962年被奈温将军政变推翻。

文官政府解决不了的问题,军政府自然也解决不了。缅甸向赤贫滑落。佛光照耀下的僧侣、学生、市民跑到街头抗议,把奈温军政府闹下台,换来新的军政府。

为什么缅甸不好好发展呢？原因在于，缅甸只有反抗（元、明、清、印、英、日）的历史，而没有自我建设的历史。这就好比战士很难突然解甲归田，原因就是不适应。

1988年8月8日，军政府向成千上万的示威人群扫射，造成5 000余人死亡。归国的昂山素季看见这些血腥的场面，决心效仿隔壁的甘地，搞非暴力和平运动。

甘地在印度能搞成功，那是有独特历史环境的。昂山素季面对的可是军政府，所以结果毫无悬念，被抓捕。

从那以后，昂山素季就过着被抓捕—被软禁—被释放—再被软禁的生活，影响力越来越大，还拿到了诺贝尔和平奖。

缅甸从奈温军政府到苏貌军政府，再到丹瑞军政府，越搞越乱，越来越穷。

终于到了2015年，军政府觉得自己再搞下去也没什么意思，老挨骂，还不如退到太上皇位置上，让昂山素季来挨骂。2015年大选，昂山素季领导的全国民主联盟取得压倒性胜利。

但缅甸军政府在2008年《宪法》第59条中做了针对昂山素季的设定，与外国公民结婚或子女为外国人的缅甸人不能成为总统或副总统。所以虽然赢得大选，但昂山素季仍然不是总统，只能挂着国务资政的头衔，不过她比缅甸总统威望高。

实际上昂山素季领导缅甸这几年，仍然没取得很大的成绩，但是缅甸人实在不愿意回到军政府时代，宁愿跟着昂山素季。所以在2020年11月份的大选中，昂山素季再次取得压倒性胜利。

军方不满意，选择掀桌子。

缅甸乱局的背后，看似迷雾重重。但如果仔细分析，还是可以看出明显的脉络。

时间回到1989年4月，昂山素季带着一帮人和缅甸军队相遇。领头军官用枪指着昂山素季的队伍，试图用野蛮的方式将他们驱散。

昂山素季先是冷静地让众人退到一边，然后她自己在民众与士兵的目光下做出一个惊人的举动：走到士兵面前，用自己的身体堵住士兵的枪口。

当时的官兵也蒙了。如果是闲杂人等这么玩，肯定会很惨。但她是昂山素季。

从个体上说，昂山素季一介女流，手无寸铁且表情平和，正常军人都不会向妇孺开枪。

从大局上说，她是开国领袖昂山将军的女儿，昂山家族在缅甸一直有一定的号召力。同时，她自己还是缅甸全国民主联盟主席，拥有一席之地。

对峙的结果是,军官命令士兵不要开枪。昂山素季一战成名。

那一瞬间奠定了昂山素季在缅甸的历史地位,让她成为缅甸民主化进程中的标杆。那是一个非常勇敢的举动,很有甘地与曼德拉的风采。

但甘地也好,曼德拉也罢,都不好当,要经历漫长的铁窗洗礼。所以也正是从那一刻开始,昂山素季成了军政府的眼中钉,时不时就把她逮捕软禁一阵子。

如果回顾昂山素季的过往,就会发现两个谜:

第一个谜,她的爸爸昂山将军起于军事,在军方原本有不错的基础。但昂山素季走了一条和她的爸爸相反的路,学甘地搞非暴力运动;最终与所有军政府都不和。

第二个谜,长期在军政府统治下的缅甸,昂山素季的非暴力运动竟然能开花结果,在2015年与2020年赢得大选,也是异类。

按照主流认知,革命不是请客吃饭,需要拿枪杆子打天下的。综观全球,依靠非暴力运动赢得天下的,也就甘地(最后还丢了命)等寥寥几人。

甘地能成功,源于印度数千年以来独特的历史文化。

昂山素季的故事,同样根植于缅甸的历史文化。

昂山素季在1988年才回到缅甸,那是她在1960年离开缅甸之后首次回国。

离开时,她是一个15岁的花季少女。回国时,她已经有了一个英国老公和两个混血宝宝,回国便成为民盟创始人。

昂山素季回国,就是要反对奈温军政府。

奈温将军在1962年发动政变,推翻吴努(前总理)领导的文官政府,实施军方独裁。吴努原本是昂山将军时代的官员,在昂山被刺杀那年(1947年)当选为议会议长,于1958年担任缅甸总理,干了好几任。

昂山素季的母亲和吴努政府有合作,在1960年担任驻印度大使。昂山素季由此离开缅甸,去印度求学,并在那里继承了甘地的非暴力运动思想。

1988年,昂山素季回国时,缅甸局势已经非常混乱,奈温军政府即将倒台(苏貌将军的军政府接替了它)。昂山素季二话没说,立刻走上街头,推销自己的非暴力运动理念。

05 非比寻常的泰国

和缅甸相比，泰国是另一个独特的存在。

在某些时候，泰国的政坛乱局其实不输缅甸，但泰国的乱，仅限于政坛；实际上泰国远比缅甸富裕，且能保持一个大体稳定的局势。因为泰国王室非常厉害，能牢牢掌控军方。

近代并不太平，欧洲国家在工业文明阶段占据先机，一跃成为列强。西班牙、葡萄牙、法国、英国、荷兰等国在全世界抢占殖民地：整个南亚大陆与中南半岛的缅甸都沦为英国殖民地。越南、老挝、柬埔寨沦为法国殖民地。菲律宾先后沦为西班牙和美国殖民地。印度尼西亚沦为荷兰殖民地。

只有泰国国王领导的泰国没有沦陷。

如果再把格局放大一些，东亚的清帝国最后沦为半殖民地半封建社会，朝鲜半岛被占领，日本在"二战"中也被美军占领。只有泰国没有被占领过，这是一个奇迹。

纵观近现代历史，奥斯曼皇室、印度王室、伊朗王室、大清皇室、朝鲜王室都没了，日本皇室也得看美军脸色。泰国王室能保持自身独立自主，绝对是个奇迹。

尤其是19世纪末，英国占领印度与缅甸，法国占领越南、老挝、柬埔寨。英法之间仅隔着泰国一家，而且谁占领泰国，谁就将拿下中南半岛主导权。然而泰王，一方面利用了英法之间的矛盾，另一方面利用英法与德俄之间的矛盾，巧妙地避免了泰国被吞并的命运。

第一次世界大战爆发，泰王首先领导泰国中立，等战局明朗之后加入协约国一方，混到一个战胜国身份。单凭这一点，拉玛王朝在泰国就有绝对威望。不论是老百姓还是政府官员，都保留了向泰王下跪的传统。

论钱财,泰国王室富得流油,比中东土豪还厉害。

泰国王室为何如此特殊?

这个问题颇为复杂,因为泰国那些事儿,要考虑到中国维度、印度维度、日本维度、欧美维度。

中国维度

亚洲地势以青藏高原为制高点;向东,便是云贵高原。中南半岛便在云贵高原南侧。因此,中南半岛的大河大部分从中国境内流出:流向越南的红河在中国境内叫元江。流经老挝、柬埔寨、泰国的湄公河在中国境内叫澜沧江。流向缅甸的萨尔温江在中国境内叫怒江;伊洛瓦底江东源在中国境内叫独龙江。

中南半岛比较有名的河流中,只有泰国境内的湄南河不是发源于中国境内。这条湄南河,滋润了曼谷周边的三角洲沃土,堪称泰国的生命之河。

为什么要说这些河流呢?因为中南半岛的民族(缅人、孟人、羌人),有一部分是沿着这些大河南下迁徙而形成的。

根据考证,作为泰国主体民族的泰族,一部分起于百越之地。广义上的百越人口活动范围包括中国南部、泰国、越南、缅甸北部,从怒江、澜沧江,一直到珠江流域。因此可以说,缅甸、泰国、老挝、越南的主体民族,有一部分是从中国南部迁徙而去的。至于迁徙的移民和当地土著的比例,目前很难考证;但这是中国与中南半岛各民族因地缘格局而形成的关系纽带。

迁徙大军中,泰族算是最后的批次。泰人南下时,中南半岛大部分土地已经被别的民族占领:湄公河下游平原被高棉人(柬埔寨的主体民族)控制。东部沿海被京族人(越南的主体民族)占领。西部沿海的萨尔温江流域和伊洛瓦底江流域被孟人和缅人占据。泰人没法和他们抢地盘,几经辗转,在湄南河流域扎根。大概就是这么个情况。

整个中南半岛,整体上看就是中国文化与印度文化交汇之地。泰国便是交汇的典型。

印度维度

泰国古称暹罗,佛教很早就传入中南半岛。

泰人立国前的佛教历史大约可分为以下几个阶段：

第一个阶段是上座部佛教，在大致公元前 3 世纪阿育王时代传入湄南河流域，但接受者是高棉先族而非现在的泰族。

第二个阶段是大乘佛教，在公元 8 世纪经印度尼西亚、高棉传入，现存的猜耶（ya）佛塔、六坤原形石塔（后修成锡兰式）等，均系那个时代的作品。

第三个阶段是公元 11 世纪，缅甸笃信小乘佛教的阿奴律陀王朝崛起，势力扩展到泰国的北部和中部。小乘佛教一度在泰国北部地区流行。

公元 13 世纪中叶，泰族崛起，建立素可泰王朝，并且沿着湄南河向南扩张势力，接受了南部的大乘佛教。素可泰王朝第三代君主拉马康亨，迎奉锡兰僧团到都城弘扬教义。就这样，佛教在泰王的扶持下，逐渐形成僧王制度，并成为全民信仰，渗透到人们的日常生活习俗之中。

素可泰王朝第四位君主黎汰王是一位虔诚的佛教徒，曾一度出家为僧，开创了泰国国王必须在一定时期内出家为僧的先例。此君主在泰国佛教发展史上有着独特的地位，如同阿育王在印度推广佛教。

这些史实阐明了泰王对佛教推广有大贡献，这就是为什么信仰佛教的泰国人并不排斥泰王，而且把佛教的跪拜大礼用于王室的原因。

那么，为什么当今泰国军政要员也要对泰国王室行跪拜大礼呢？这就要谈到泰王对泰国的世俗贡献。而这种世俗贡献，也要从中国谈起。

中泰另一维度

素可泰王朝时代，元帝国强势，改变了东南亚的政治版图。

1350 年，乌通王脱离素可泰王国宣布独立，在大城府建都。随后不久反杀吞并素可泰王国，泰国进入大城时代（共有 33 位君主），接受明朝册封。

400 多年之后，历史进入 18 世纪。大城在混乱中，被隔壁的缅甸军队攻破。但缅甸没能真正占领泰国，因为有位叫郑信的中泰混血儿拯救了泰国。

郑信生于 1734 年。他的父亲郑镛是广东潮州府澄海县华富村人。郑信幼年丧父，但聪明好学；得到贵人相助，被当时的大臣拍耶节悉收为义子。

郑信 21 岁时第二次剃度为僧，还俗后在义父的举荐下进入宫廷成为一名御前侍卫。郑信入仕后得到泰王的信任。老王去世,新王任命其为甘烹碧城城主,就在他准备赴任前夕,缅甸对泰国发起进攻,郑信负责守卫都城。

1766年1月,郑信见缅甸军势头正旺,便突围而出。缅甸军攻陷泰国以后,将那座有着400多年历史的古都付之一炬。王宫和各寺院所藏典籍及经像文物,均毁于战火。

郑信在泰国的沿海一带建立了根据地,并在华人和当地人的支持下发动对缅甸军的反击。1767年12月28日,34岁的郑信自立为王。

此后郑信通过3年战争,基本实现了泰国的统一(1770年),建立了吞武里王朝。他最大的心愿就是得到中原王朝的认可,如越南王室那样做一个藩国。于是郑信多次遣使到清朝,希望能够得到乾隆皇帝的认可。但当时的乾隆认为他是乱臣贼子,不愿承认他的地位。

郑信并未气馁,继续遣使向乾隆表示臣服。后出于对缅甸战争的需要,乾隆最终承认了郑信的国王身份,并对其册封,相当于做了一次权力认证。

当然中原王朝的认证并没有保住郑信的富贵。1782年,大将军昭披耶发动政变,杀死郑信,成为拉玛一世。随后迁都曼谷,开启曼谷王朝,一直持续到现在。

拉玛一世(图片来源:360百科)

昭披耶最想干的事儿,也是得到中原王朝的认证,于是进表自称为信之子郑华,欲合法继承郑信的王位。乾隆稀里糊涂地答应了他的请求,对其册封。

这"郑"姓举动,正体现出曼谷王朝的政治智慧,让泰国左右逢源,躲过近代史中的诸多暗礁,把东方智慧做了充分的发挥。

06 缓　冲

　　1929年,世界经济危机席卷全球。

　　泰国自然也不能幸免。1932年6月24日凌晨,泰国军方趁国王拉玛七世(郑光)度假的空隙,以迅雷不及掩耳之势发动政变。

　　顺利占领全部预定目标之后,新成立的临时政府并没有像辛亥革命那样赶走清廷,而是给拉玛七世送上一道选择题:要么在宪法政权下继续做国王,要么下野。

　　拉玛七世的回复很经典:为了使成立君主立宪制政府的过程能够尽可能柔和地进行,我同意成为"虚君"。

　　泰国由此进入君主立宪制时代。

　　看到这里大家可能很纳闷:既然要搞君主立宪制,就应该像日本和英国王室那样,当一个摆设即可,不要过问具体的事。

　　但是,泰国的君主立宪制极富泰国特色:

　　● 泰王凌驾于宪法之上,任何人不许诽谤、侮辱、威胁泰王和王室成员,否则判刑。

　　● 军队不对国家或议会效忠,对泰王效忠。

　　● 当政局出现纷争,泰王担任最终裁判。

　　这就造成了:

　　一个曼谷的士司机吐槽几句王室,被乘客拍下来报警,判刑。

　　几个大学生排了出话剧,被认为剧情讽刺国王,判刑。

　　为什么会这样?

　　其实泰国实践过君主立宪制,但大概只有十多年时间。话说拉玛七世并不甘心做"虚君",几经博弈之后黯然退位(1935年)。拉玛八世(郑禧)继位时还是小孩,19岁那年(1946年)不明不白地去世。虽然他不掌握实权,但他在位的时间正好覆盖了第二次世界大战,已经不允许骑墙两面倒,大家必须站队。泰国不仅奇迹般地避免了日本入侵,而且还增加了领土。泰国的套路很简单:先半推半就地与日本签订同盟条约(好像被迫无奈的样子,做给英美看),加入轴心国阵营,并向英美宣战。等日本败象显露时,泰国政府再次准确捕捉到历史机遇,疏远日本,并暗地里与同盟国进行接触,更是鼓励扶持地下的抗日武装。

日本败局已定时,没实权的拉玛八世就宣布曾经对英美的宣战是军政府一意孤行(把锅甩给军政府),无效;废除与日本签订的所有条约,自愿放弃在战争中得到的全部领土。

拉玛八世这番操作,赢得美国主导的同盟国认可,洗刷了泰国曾经加入轴心国的耻辱,再次增加了王室的威望。换句话说,拉玛八世这番操作,不仅帮泰国缓解了危机,同时也巧妙化解了拉玛王朝历史上最大的危机。

然而正当拉玛八世要有一番大作为时,却不明不白地死去,给了其弟弟拉玛九世(郑固)一个历史性机遇,让他成为泰王史上特殊的一个。

特殊的一个

拉玛九世普密蓬,从1946年干到2016年,整整干了71年,是古今中外在位第二长的"国王"(仅比路易十四的72年短)。

拉玛九世的任期内,整个世界都处于民族独立运动蓬勃发展的时代,全世界以各种形式抛弃大大小小、形形色色的国王,但泰王安然无恙。其任期内,爆发了大大小小很多场宫廷政变,但他安然无恙。

军队一直是他左右局势最有力的武器。

代表上层的黄衫军和代表下层的红衫军,一言不合就上街。很多时候街头政治会造成很大的破坏。但每次闹到看似无法收场时,便由军人出面。

每当政坛大乱、街上挤满抗议者的时候,泰王就安排总理体面地辞职,然后打发军方进入总理府把本届政府该干的活儿接着干完。

军队号称忠实于国家,当军政府无法收场时,就又轮到国王出场。因为军队忠于国家的同时也忠于国王。

如此一来便形成一个奇妙的循环,泰王就成了泰国最后一道缓冲。

这就是独特的泰国现象。拉玛九世任期内,更换过26任总理和48届内阁。总理平均任期不到3年,内阁平均寿命不到2年,充当了"背锅侠"。

但是在法律上,泰王仍然是"君主立宪制"君主。

南亚篇

与东南亚一样,南亚正在成为地球村的热闹非凡之地。

但与东南亚一盘散沙不同的是,南亚一家独大。刚刚举办G20的印度,丝毫不掩饰自己的心思。

但实力能否配得上想法?这是一个问题。寻找这个问题的答案之前,需要明白印度是怎样的一个国家。

01 印度版"大国崛起"

2023年5月27日,印度外长苏杰生在印度的阿南特国立大学做了一次"莫迪的印度:一个崛起的大国"的演讲。

这次演讲迎合了几个对象,第一个对象就是莫迪。

看标题就非常明白,说的是"莫迪的印度","在总理莫迪的领导下,我们不是只考虑明天,也不是下一个选期,我们真正考虑的是更远的事情。在许多方面,毫不夸张地说,今天的我们正在为走向全球奠定基础。"

当然这很容易理解,毕竟苏杰生印度外长的职位是莫迪任命的。换句话说,他的饭碗是莫迪给的。为了自己的饭碗,结好上司,这并不新鲜。但苏杰生是个嘴上很有功夫的人。

苏杰生于1955年出生在印度首都新德里的一个官宦之家。他的父亲是印度战略家苏拉马尼亚姆,担任过印度内阁秘书,以及印度国防研究与分析所所长,是个嘴上很有功夫的人。他的两个哥哥也都是知名人物:大哥桑贾伊是印度有名的历史学家,也是个嘴上很有功夫的人;二哥马尔曾从事国家发展工作。

至于苏杰生本人,则是汇集了他们一家嘴上功夫之大成。他本科就读于印度德里大学,硕士和博士就读于尼赫鲁大学,专业是政治学和国际关系,相当于专业修炼过。而且苏杰生本人相当了得,在大学时期就展现出了政治才能,以"自由思想家"自居。

在印度外交界,苏杰生算是货真价实的老牌外交家。先后在印度驻苏联、捷克、新加坡、中国、美国大使馆工作过。大家也许没机会领教苏杰生的嘴上功夫有多强,只需要知道他能够熟练使用英语、俄语、日语、匈牙利语、泰米尔语、印地语、汉语等语言,并且可以熟练地切换使用,就知道他绝对非同一般。大家想想,普通人熟悉一门外语都不容易,苏杰生能掌握这么多门外语,尤其是能懂汉语,确实难得。

从国际关系角度,苏杰生懂美国又懂中国,算是印度难得的人才。而且他老婆是日本人,也算是日本通。

简而言之,苏杰生的口才,在印度那是顶级,并顺利成为莫迪的左膀右臂。所以他在阿南特国立大学谈印度崛起的演讲,充分体现了他的嘴上功夫。

他的那次演讲,还有迎合印度民族主义群体的意思。在印度,民族主义群体的基数很庞大。

苏杰生大谈"印度崛起",正好说到了印度民族主义群体的心坎里。

苏杰生演讲的内容,自然也是多次提到中国,因为印度对中国心理有魔障。印度表面上表示不在乎中国,但现实中处处和中国攀比。比方说中国搞"一带一路"倡议,印度就推出香料路径战略。

针对中国崛起这个话题,印度精英阶层认为是巨大的挑战。一方面印度精英比较高傲,另一方面又不得不重视中国。在大国崛起这个话题上,中国崛起在这个时代形成的冲击力,明显比印度崛起更大。

鉴于印度精英面对中国时的复杂心态,苏杰生就说,在印度崛起的过程中,面临来自中国"非常复杂与特殊的挑战"。但单就"印度崛起"这个话题,就对地球村形成很大的冲击。

冲击一,与邻国的关系。

"二战"之后印度独立,几乎和周边所有邻国(巴基斯坦、中国、缅甸、不丹、尼泊尔、斯里兰卡等)都发生过冲突。

如果印度自上而下形成激进的共识,那么对包括中国在内的邻国,肯定都会采取更为强势的态度,也就意味着南亚周边都不会太平。

冲击二,让西方很纠结。

印度崛起对西方来说是一个极其复杂的命题。

过去几十年,西方一方面想要制衡印度(比如美国数次和巴基斯坦结盟,卖给巴基斯坦先进武器);另一方面又一直试图利用印度牵制中国。所以不论是1962年中印边界战争,还是历次中印边境冲突,西方都会以极快的速度站在印度身后,并且给予印度支持。

正是出于鼓动印度和中国对抗这个战略目标,西方对印度比较纵容。哪怕印度非法搞核武器,西方也是睁只眼、闭只眼。

印度也知道西方的心思,所以每当需要到西方拉赞助时,就会玩中印冲突的把戏,去西方"骗钱骗物"。

但是如果印度完成崛起,那么对西方的冲击也会极大。如果未来遏制中国崛起,而导致印度崛起,那么对美国来说是极其不合算的。遏制中国崛起的任务尚未完成,现在又面临印度崛起,西方肯定会非常头疼,尤其是美国。因为印度崛起之后,不仅会制霸印度洋,还会威胁美国在整个中东的能源布局(印度邻近中东)。

冲击三,俄罗斯喜忧参半。

印度独立之后,对印度最好的国家就是(苏)俄,苏联时期对印度几乎是有求必应。印度每次缺钱花了,就会到苏联去借钱。苏联哪怕手头很紧,也会极力满足印度的需求,即便是苏联快解体那会儿,戈尔巴乔夫还借给了印度很多钱。

当然借钱这个说辞,比较通俗。官方术语,那叫贷款。由于印度从苏联那里贷款很多,原本没可能还钱。但苏联解体那会儿,印度趁卢布贬值,一口气用卢布把对苏联的债务还清,狠狠地施展了一把神功。

俄罗斯继承了苏联的主要遗产,原本打算用印度的欠款谋发展,结果发现事与愿违,随后开始使手腕,苏联解体之后的那些年,俄罗斯用航母、苏-27战斗机等,从印度那里赚了不少钱。

苏-27战斗机(图片来源:百度百科)

乌克兰战争爆发之后,俄罗斯对印度的姿态已经低到了一定程度。俄罗斯的石油直接低价卖给印度不说,关键还收了大笔的印度卢比(存在印度银行里,花不出去)。俄罗斯自己已经很困难了,还割肉喂印度。

但其实在笔者看来,按照印度的性格,崛起之后不一定会把俄罗斯放在眼里,即便购买俄罗斯的能源和军火,估计也会强行付印度卢比(现在已经有这苗头,搞得俄罗斯有苦说不出)。而且印度有"印度赚钱印度花,别想一分带回家"的传统,估计会让俄罗斯非常难受。

其实,大国崛起是一个非常严肃的话题,为什么印度就可以用轻松乐观的方式提出来呢?答案很简单,印度被"惯着了"。

02 谁把印度"惯着了"？

如果来一个"二战"后最好战的国家排行榜，美国肯定是榜首，那么谁排在第二位呢？也许你会想到苏联、伊拉克等，答案其实是印度。

在大家的印象中，印度貌似"人畜无害"，时不时在地球村里做一些搞笑娱乐表演，但那只是表象。"二战"之后，印度和所有邻国（中国、巴基斯坦、孟加拉国、斯里兰卡、缅甸、尼泊尔、不丹）都发生过战争。

诡异的是，印度在地球村并没有恶棍之恶名，还成了世界上人口最多的"民主国家"。

放 纵

印度独立后就认为自己是大英帝国在南亚的天然继承者。换个角度看，印度这个主张很不可思议，要知道英国人本来是征服者。把自己看成外来征服者的继承人，一般人做不出来。但印度人自有一套属于自己的精神胜利法：把英国殖民者说成来帮自己打工搞建设的。

把殖民者说成是打工人，把自己想象成老板，这套说法让阿Q都甘拜下风，看似不可思议，但印度人就是这么认为的。当然，在现实世界怎么想不重要，怎么做才是重要的。

纵观历史，印度原本没实力四处挑事，尤其是1962年挑衅中国遭遇惨败之后本该消停，反省自己的实力。但是印度依然自我感觉良好，到处惹事，还时不时碰瓷中国。是谁在惯着印度？

首先是美国。数十年来，美国政策千变万化，但对印度的政策一直没变。特朗普上台之后，把奥巴马的几乎全部政策推倒重来，但对奥巴马的印度政策不仅没有推倒，反而还加固了。锡金国王去美国建立流亡政府，美国并没有因此而制裁印度。

其次是(苏)俄。苏联和美国冷战几十年，美国支持的它反对，但对美国支持的印度却一直在拉拢。如今的俄罗斯也继承了苏联对印度的战略。

第三是欧洲。最为突出的一点，就是印度"稀里糊涂"地拥有了核武器。当初如果没有美国、英国、法国、苏联的默认与帮衬，印度不可能有核武器。这些国家都不是省油的灯，为何这么纵容印度？

答案可以有很多，但根本答案只有一个——中国。

在大航海时代拉开大幕之后，西方人来到印度，并没有什么纵容，只有残酷的殖民统治。

1947年印度独立时，英国拿出的蒙巴顿方案(印巴分治)，就是分裂印度。那时候并没有温情的面纱，只有赤裸裸的算计。鉴于当时的英美关系，英国的这个方案也得到了美国的默许。因为英国殖民体系的瓦解，美国是主要受益者之一。

当甘地知道尼赫鲁等人已经接受使印度分裂的方案时，愤怒高呼："让全国在烈火中燃烧吧！我们决不会放弃祖国的一寸土地！"1947年8月15日，印度正式获得独立，巴基斯坦已经在前一天宣布独立。两国冲突的祸根就此埋下。

当时英美为什么一定要分裂印度呢？因为印度扼守整个南亚大陆，威慑东西方运输线；背靠青藏高原，面临印度洋，土地肥沃，人口众多，潜力巨大。根据英美的离岸平衡战略，只有分裂的印度才容易制衡。

但是，这个战略思维随后发生了改变。

趋　势

1949年新中国成立之后，废除了所有不平等条约。这个时候西方发现，印度可以制衡中国，于是对印度由战略制衡转为战略支持。不论是欧美还是苏联，均不约而同地站在印度身后。

20世纪中期，印度为什么敢侵蚀他国领土？就是因为美苏都站在其背后。为什么在遭遇惨败之后还不服气？同样也是因为美苏站在其背后。

印度虽然看起来很横，但并不傻，它明白如果没有中国，就没有自己在地球村的好日子。因此，印度对中国仅仅是"碰瓷"，头脑没有真正发热。

03 巴铁是怎么炼成的？

巴基斯坦是中国的全天候战略合作伙伴。换句话说，就是无论国际局势如何变化，无论巴基斯坦国内局势如何变化，中巴友谊不会变。

中巴关系一路走来，牵扯到半个世纪的大国博弈。

夹缝求生

巴基斯坦独立之初，就要面对印度、美国、苏联、中国四个巨无霸国家之间复杂的国际关系。其中最主要的是印度，印巴不仅牵扯到国家利益博弈，还牵扯到民族和宗教争端。

印度地缘位置极佳，背靠青藏高原，面朝印度洋，是天然的陆地大国。最初英美对印度并不友好，采取的战略是制衡。

英国离开时在南亚埋下诸多政治地雷。印度现在的困境，大部分源于英国当年埋下的政治地雷。有趣的是，印度不仅不记恨英国，还会不时怀念英国的好。

美国选择和巴基斯坦结盟，主要目的有两个：一个是制衡印度（防止印度独霸南亚）；另一个是围堵苏联（阻断苏联打通印度洋出海口的野心）。

苏联胃口很大，一直想打通印度洋出海口。苏联和印度洋之间隔着阿富汗和巴基斯坦，于是苏联采取远交近攻策略：远交，拉拢印度；近攻，威胁阿富汗和巴基斯坦。苏联在巅峰时期发动阿富汗战争，目标就是打通印度洋出海口，同时也威胁到了巴基斯坦。

雪中送炭

印度眼看美苏拉拢自己，再次膨胀起来，在 1965 年 8 月发动第二次印巴战争，意图夺取南亚门户克什米尔。

战争初期，巴基斯坦在克什米尔占据主动。印军为扭转不利局面，对巴基斯坦领土突然发起大规模进攻。

巴军节节败退，一路退到亚克尔运河。如果印军攻破运河，就能直取拉合尔（曾是莫卧儿帝国首都，也是巴基斯坦北方最重要的城市，当时巴基斯坦首都还在南方沿海的卡拉奇），巴军已无退路。巴基斯坦一方面宣布全国进入紧急状态，另一方面向中国紧急求救！

中方研究局势之后决定支援巴基斯坦。如何支援呢？派兵进入克什米尔是最直接的办法，但那会授人以柄，所以决定给印度来一场围魏救赵。当时印度在中国、锡金边境的争议地区修筑军事工事。中国决定利用这个因由做文章，逼迫印度停战。

1965 年 9 月 16 日，中国向印度发了一个由周恩来亲自修改审定的照会，其实就是最后通牒。《人民日报》在 9 月 17 日头版头条刊登了照会的全部内容，题为：中国政府复照印度政府提出严正要求：文到之日三天内拆除中锡边界印军入侵工事，立即停止印军一切入侵活动并保证不再骚扰。

照会的第三部分内容是："印度政府……的侵略逻辑是，凡是它已经占领了的地方，都是它的；它想要占领而尚未占领的地方，也是它的。1962 年印度政府向中国发动大规模的武装进攻是由此而起的，现在向巴基斯坦发动大规模的武装进攻也是由此而起……只要印度政府有一天还在对巴基斯坦进行肆无忌惮的侵略，中国就一天不会停止支持巴基斯坦反侵略的正义斗争……"

照会内容非常强硬霸气，限印度 3 天时间内拆除争议地区的工事，并停止对巴基斯坦的侵略。这估计是印度建国以来接到的最强硬的照会。

对巴基斯坦而言，这是绝对意义上的雪中送炭！

认 怂

结果怎样？印度最终答应中国的全部要求。

印度不仅拆除了在中锡边界上的军事工事，还归还了被劫掠的藏族同胞及牲畜等。9月23日，印巴休战，巴基斯坦转危为安。

1966年1月，双方签署《塔什干宣言》，第二次印巴战争结束。

没有多余的废话，没有口水战，直接出手解决问题！

巴基斯坦由此明白，还是中国靠谱。中国自此成为巴基斯坦的铁哥们。

没费一枪一弹，达到全部战略目的，这就是中国第一代领导人的厉害之处，也是历史顶级的政治家和军事家魅力之所在。

印度服软了。第二次印巴战争，彻底暴露出印度的问题。

苏美欧各方为增加印度制衡中国的筹码，一方面加大力度援助印度，另一方面竟默许印度拥核。据公开资料显示，印度从1972年公布核武器研发计划，到1974年就完成第一次核试验，研发速度堪称世界最快。实际上那是骗人的鬼把戏，以印度的工业基础，根本不可能2年完成核试验。实际上在印度拥核过程中，得到了苏联、英国、法国的帮助与美国的默许。

之后印度在苏联的支持下，乘机在1971年发动第三次"印巴战争"，把巴基斯坦打解体。1971年的第三次印巴战争堪称印度立国之战，印度就此解除了东部枷锁。在1971年之前，印度有东西两个"命门"。此后印度只剩下西部的克什米尔这样一个"命门"。

并肩战斗

失去东巴基斯坦之后，巴基斯坦国力大损，同印度对峙过程中更加依赖中国的支持。

中巴两国关系的另一次考验是苏联入侵阿富汗。

要知道苏联入侵阿富汗是为了打通印度洋出海口，如果成功控制阿富汗，苏联的下一步就可以和印度一起夹击巴基斯坦，局势对巴基斯坦来说非常危急。

好在中国开始搞改革开放，中美关系从对抗变成合作。如果让苏联打通印度洋出海口，再加上亲苏的伊朗、印度、越南，可以想象苏联会变得多么强悍。于是除了中国坚定不移地支持巴基斯坦外，美国和巴基斯坦第二次结盟，坚决阻挡苏联南下的步伐。

苏联倒在帝国坟场之后，美国认为巴基斯坦失去价值，再次疏远它。"9·11"事件之后，美国和巴基斯坦第三次结盟，之后又散伙。

纵观几十年历史：

美国和巴基斯坦结盟是精致利己主义的选择，有需求就结盟，没需求就散伙。

中国和巴基斯坦虽没结盟，却一直站在巴基斯坦身后，有危险两国一起扛。和平年代，中国在巴基斯坦进行了大笔投资，中巴经济走廊就是两国友谊的见证。

04 印度的致命误判

经过印度这番折腾,成功博得世界舆论界的诸多谈论、讨论、争论,但不论怎么论,都绕不过1962年。

首先,印度自己就对1962年记忆犹新,官方或民间都在强调"印度不是1962年的印度"。

其次,中国舆论界总是有意无意间提醒印度,不要太过分,不要忘了1962年的教训。

最后,美、俄想卖武器给印度时,也会时不时提起1962年。

为什么大家都忘不了1962年呢?如果从结果导向来看,印度在1962年那场战争中其实损失并不是太惨,既没有割地求和,也没有签城下之盟,甚至连损失的武器解放军都还回去了。那么印度在纠结什么呢?

世界1962

如果要问20世纪的百年中,世界在哪年处于毁灭的边缘?答案既不是第一次世界大战爆发的年头,也不是第二次世界大战爆发的年头;既不是凡尔登战役那年,也不是斯大林格勒战役那年;而是1962年。

因为那一年,美苏两国在古巴对峙,核大战一触即发。

1962年10月22日晚上7点,肯尼迪向美国和全世界发表广播讲话,宣布武装封锁古巴,要求苏联在联合国的监督下撤走已经部署在古巴的进攻性武器。

从10月23日至27日,核战争的阴影笼罩在整个加勒比海上空,整个世界危在旦夕。

10月23日，苏联发表声明，表示仍要按苏古协议继续使用武器"援助"古巴，对美国的威胁"将进行最激烈的回击"。

10月24日，美国在68个空军中队和8艘航空母舰的护卫下，由90艘军舰组成的美国庞大舰队，从佛罗里达到波多黎各布成一个弧形，封锁古巴海域。

反映古巴导弹危机的漫画图(图片来源:360百科)

10月26日，星期五，赫鲁晓夫给肯尼迪写信，寻求和解。

(说句题外话，这场争端导致赫鲁晓夫威望大减，并且在两年之后遭遇勃列日涅夫政变，被迫下野。肯尼迪虽然威望空前提升，但最后却被莫名其妙地枪杀，连凶手都没找到。)

如果1962年美苏真的干起来，那么整个世界肯定是满目疮痍。

美苏两国虽然在约架，但它们都支持印度、敌视中国。在那种情况下的中印战场，印度相当于全力出击，中国相当于只出了一记勾拳。这就好比一个地痞无赖眼馋邻居家的良田，集中所有力量妄图使坏，结果被一拳撂倒。那种心理阴影，估计他一辈子也忘不了。

大国选择

《毛泽东年谱》第5卷有这样一段资料：(1962年)10月17日13点30分，毛主席召集刘、周、朱、邓、彭、陈、贺、聂、罗等开会,讨论对印度军队的进攻进行自卫反击问题,从 7 月份的"现在还要克制,不能急于打"的方案,迅速转为"亮剑"西南的决定。

晚 11 时,下达了《歼灭入侵印军的作战命令》。

常言道,战争是国家大事,要谨慎再谨慎。但是对印度的自卫反击战,开一次会就搞定了。

中国原本不想打这场战争。就在那场决定性会议的 5 天前(10 月 12 日),尼赫鲁公开下令:要把中国军队从印军侵占的中国领土上"清除掉"。毛泽东得知情况之后留下一句名言:"我想了 10 天 10 夜,总想不通尼赫鲁为什么要来搞我们。"

毛泽东是战略方面的天才,尼赫鲁在毛泽东的对手中,"段位"并不算高。尼赫鲁能让毛泽东"想不通",只因为出招"太无厘头"。

其实毛泽东口中对尼赫鲁的"想不通",不全是指 1962 年,而是由来已久。

话说新中国成立之初,中印关系还不错。两国同为亚洲大国、有悠久的历史,同属第三世界,在近代均遭受过殖民侵略。

1950 年,中印两国建立外交关系。

1954 年,两国总理实现互访。尼赫鲁甚至公开说"中印是亲兄弟"。

但是很明显,尼赫鲁嘴里说着"兄弟",心中打的全是"主意",不间断地对西藏进行蚕食。其实早在中国抗美援朝之时,印度就开始蚕食中国领土,非常不地道。但中国起初还是想和印度搞好关系。

仔细分析一下,中印矛盾主要有两点:一是现实利益取舍;二是源于两国对历史的认知不同。

历史纠缠

中印两国拥有约 1 700 公里的边境线,但两国一直未正式划定边界(印度历史上绝大部分时间支离破碎,想和它们划边界,也找不着主体)。按照传统习惯,大体上以喜马拉雅山脉为界,分西段、中段和东段三个地区。

两国原本不存在冲突,但英国殖民者征服南亚之后,为入侵西藏和新疆,在西段和东段边境做了手脚,搞出"约翰逊线"(对应阿克赛钦地区)和"麦克马洪线"(对应藏南地区），把边境线向中国境内推移。中国历届政府对此均不承认。

印度独立之后，搞不定巴基斯坦和尼泊尔，却一心想着蚕食西藏。

1951年解放军进驻西藏后，印度撤出了西藏部分地区，但仍然非法控制藏南。

大家看印度这做派，刚从帝国主义的魔爪下爬出来，恨不得马上自己变成帝国主义。这就叫"没有帝国主义的命，得了帝国主义的病"。

印度的"帝国主义病"在1959年爆发，因为那一年中国遇到诸多困难，进入非同寻常的三年，中苏关系恶化，再加上西藏叛乱。患了"帝国主义病"的尼赫鲁开始带着印度进行癫狂的激进冒险：逐渐向中国领土深入，又是建立哨岗，又是开枪，又是杀人。为劝印度悬崖勒马，1960年，周恩来再次访问印度。

任凭周恩来才华非凡，也没能让尼赫鲁发热的头脑冷静下来。尼赫鲁领导的印度为何如此脑热？

脑热的印度

1959年12月，美国总统艾森豪威尔访问印度。

在此之前，艾森豪威尔对不结盟运动持批评态度，但在那次会面中向尼赫鲁保证，印度的不结盟政策不妨碍美印两国成为亲密朋友。

此后4年，美国给印度提供了40多亿美元的援助。这笔钱用现在的眼光看不算太多，不过在当时可是天文数字。整个抗日战争期间，美国对中国的援助也不到40亿美元。"二战"后美国帮助欧洲重建的马歇尔计划，也就120亿美元。

尼赫鲁飘了。与此同时，苏联和中国闹矛盾之后，也开始援助印度。1960年10月，印度国防部访问苏联，购买了两个中队的米格-21战斗机、8架安-12运输机以及米-4直升机，解决了印度急缺的高原用运输机和制空型战斗机的难题。

有了美国和苏联这两条"大腿"，尼赫鲁发热的脑袋再也无法降温。另外，像英国，也和美国一样，很乐意看到印度挑衅中国。

1962年的印度，相当于得到美苏英政治、军事、经济的全方位援助。事后看，更像几个国家合伙撺掇印度跳火坑。再加上印度当时不结盟盟主的身份，一辈子没打过仗的尼赫鲁有了东方不败的感觉，借检阅部队之机明目张胆地告诉天下："印度已经强大到不惧怕任何对手。"

乏味的战争

战争过程从军事角度看，其实没啥好说的。

印度两万多"精锐"部队（"二战"时英属陆军，到非洲和欧洲作战过，号称打遍世界的劲旅），拿着苏美英的装备扑过来。西藏边防军司令员张国华中将指挥一万多人，用解放军最基本的战术（迂回、穿插、分割、包围），短短几天时间就把印军打得鼻青眼肿，击毙、俘虏印军7 000人，成为印度人眼中的"战神"。

战争爆发之前，尼赫鲁在国会演讲时说："让我们高呼圣雄甘地的名字，赶走所有的中国人。"但是几天以后就傻眼了。面对失败，尼赫鲁的第一反应是把战败的责任推给印度国防部。

直到此时尼赫鲁才回过味——中国军人身经百战；印度独立主要依靠甘地领着一帮人"不吃不喝"才成功，不知战火的残酷。

这里还要提下少将丁盛"丁大胆"。

丁将是老红军，遵义会议之后在攻打娄山关的战斗中表现突出。国共决战时，丁盛参加过从四平保卫战到辽沈战役等所有重大战役，入关后追击白崇禧到天涯海角。在衡宝一战中，丁盛重创白崇禧桂系第七军。1953年，丁盛担任54军军长，入朝作战，参加过金城战役。

在将星如云的开国将帅中，丁盛虽然不算非常突出，但对印军时简直是神兵天降！

1959年，丁盛参与平定大喇嘛叛乱，开始和印军产生交集。

1962年的中印边境自卫反击战中，丁盛亲自指挥130师击败印军主力第4军。那是印军王牌，号称在"二战"中击败过隆美尔的军团。结果印度人至今还记得丁盛和他的54军，可以说丁盛直接击溃了印度人那膨胀的自信心。

虽然战争过程很乏味，但印度的战后表现却很精彩。

悲喜剧

在战争史上，1962年对印度的自卫反击战是一场奇怪的战争。

自信满满的尼赫鲁一夜之间苍老了许多。当时美国驻印度大使回忆说:"这是我平生第一次看到一个民族士气的瓦解。"

印度的广播电台终止了正常的播音,一天到晚播放印度国歌。

新德里人心惶惶,大街上谣言四起:什么中国军队已经占领了新德里的北大门提斯浦尔,大军即将南下;什么中国军队的运输机群已经集结完毕,准备在新德里空降;印度北部的各个邦政府已经开始组织居民撤退,并且炸毁了发电厂、水厂等设施,他们接到的命令是不要把任何东西留给中国人。

大家现在看起来很可笑。但按照印度人当时的思维,中国那么猛,肯定要乘胜追击。

为得到军事援助,印度放弃了所有的尊严。

印度首先向之前的宗主国英国求援。在印度独立的过程中,双方并没有发生战争,也没有撕破脸。于是英国命令军工厂加班加点制造武器。

最有意思的是法国,要啥给啥,但是都必须收钱。苏联和英国给印度的装备都是无偿援助,法国人突然要收钱,印度很吃惊,表示接受不了。但法国坚持一手交钱一手交货,已经慌了的印度咬了咬牙,一狠心购买了60门迫击炮。接下来轮到法国蒙了,就这么点订单?

印度的主要希望还是在美国和苏联身上。

尼赫鲁连夜给美国总统肯尼迪打电话,希望美国直接参战。肯尼迪一听,觉得匪夷所思。但为了展现美国的实力,肯尼迪把美国航母战斗群紧急开赴孟加拉湾(中国军队够不着的地方)。

尼赫鲁也没忘了赫鲁晓夫。但赫鲁晓夫还不如肯尼迪实在,只发表了一篇偏向印度的演讲,没有具体的实际行动。

就在尼赫鲁急得白发三千丈之时,中国给了他答案。

中国不仅没有进攻印度,甚至没有乘机扩大战果,而是直接撤军,把俘虏的印度军人放了回去,并把战利品还给他们。印度傻眼的同时,终于长出一口气,回家睡了个安稳觉。

但那原本就是一场不对等的战争。印度当时的气势在顶峰,获得的支援在巅峰,战争打成那样,估计支援印度的美苏英都觉得丢人。

05 勇敢的尼泊尔

高山之国

欧洲有个高山之国叫瑞士,位于欧洲屋脊——阿尔卑斯山脉。但瑞士的海拔和尼泊尔比起来是小巫见大巫。因为尼泊尔在喜马拉雅山之南,和中国以喜马拉雅山为边界,包括珠穆朗玛峰在内,世界十大高峰有八座在中尼边境。尼泊尔堪称全球性的高山之国(另外的候选国是不丹和塔吉克斯坦)。

欧洲高山之国瑞士虽小,但在意大利、法国、德国之间完全独立,战斗力非常强。

尼泊尔和瑞士一样,战斗力顽强。当初英国人没怎么费力就征服了南亚大陆,却拿尼泊尔没辙。1814 年,英国将领大卫·奥克特洛尼带领 3 万大军进攻尼泊尔。要知道那年头英国一次性出动 3 万军队非常罕见。

英国驻印度总督认为,用这么多军队对付又小又穷的尼泊尔,定然马到成功。但尼泊尔没有被吓倒,派出 1 万廓尔喀(尼泊尔山地民族)军人迎战。廓尔喀士兵虽然个头矮小、武器落后,但英勇善战。他们尤其善于山地战争,利用有利地形硬生生挡住了傲慢自大的英国人。

战争持续了整整两年,双方损失都很大,最终双方妥协,签订了《苏高利条约》(1816 年 12 月)。虽然英国倚仗综合国力占领了尼泊尔部分土地,但尼泊尔在极端劣势的情况下保住了主权独立性,可见战斗力之强悍。

此战是英国近代史上最难堪的战争之一。此后英国殖民者对廓尔喀军队非常推崇,并且征收廓尔喀人加入警察和军队,让他们协助英国人统治印度。英国还组织廓尔喀外籍军团,现在英国军队中还有廓尔喀外籍军团的建制,廓尔喀雇佣兵和瑞士雇佣兵一样名扬海外。

简而言之,尼泊尔人堪称南亚唯一的战斗民族,战场上远比印度人靠谱。

纵观南亚历史,尼泊尔凭自身实力一直保持独立性。印度总是轻易被征服,独立过程则是利用了国际关系的转变,并没有经过血与火的考验。

1923年,英国主动与尼泊尔签订永久和平协定。当时印度还在甘地的带领下搞非暴力不合作运动,试图从英国殖民者那里多争取一点权益。

从现实角度讲,尼泊尔有勇敢的底气。

话说几千年之前,雅利安人征服南亚大陆之后,建立了等级森严的古印度文明,最直接的表现就是印度教。

印度教诞生之后,遭遇过来自佛教的挑战。

佛教是南亚大陆本土人建立的宗教,释迦牟尼大概率是南亚土著(东方人认为释迦牟尼出生于东部土著人聚集区,雅利安人去那一带的时间较晚;西方学者多认为释迦牟尼是雅利安人,并称他创立的佛道为"雅利安道路")。

佛教对印度教的挑战来自阿育王时代。阿育王自己是雅利安人,首次统一印度。他为巩固政权、遏制雅利安权贵,便大力扶持佛教对抗传统的印度教,就是要扶持印度土著对抗旧贵族集团。

退一步来说,不论释迦牟尼是不是南亚土著,但佛教的信徒是南亚底层人。佛教是地地道道的南亚本土宗教,其"众生平等"的思想是打破种姓等级制度的天然利器。

梨车毗王朝建立后,尼泊尔一直是佛教徒朝圣的中心。公元405年,中国高僧法显去迦毗罗卫瞻仰佛陀出生地。大致相同的时间,尼泊尔高僧佛陀跋陀罗应邀,到长安传佛法。

唐朝时,大唐使者王玄策出使印度,使团遭到当地一个名为"中天竺"的邦国劫掠。王玄策很生气,感觉天朝使者的威望被冒犯,直接从尼泊尔和吐蕃借兵,灭了"中天竺",创造了一人灭一国的奇迹。

现代尼泊尔为摆脱印度的制约,与中国展开密切合作,加入"一带一路"倡议,掀起汉语热。如今中国的货物已经可以从广州运到加德满都,从而促进尼泊尔经济的发展。

06 魔性印度

仔细观察历史运行，其实有很明显的周期规律，权力有周期循环的规律，体制有周期更迭的规律，文明更迭也有周期规律。把这些不同层次的规律放在一起，就能看到一张清晰的立体运行网络。这就是所谓的立体史观，区别于之前的平面史观。

国家或民族的强大或弱小，根源在于和历史趋势是否契合。

为什么中国能成为唯一一个从古文明延续到现代文明的国家？答案是，中国成功渡过所有历史周期运转的惊涛骇浪。世界上其他国家的文明进程，多半在体制更迭或文明更迭时被打断。

印度文明的特色在于：外来种族主导了其文明周期运转。雅利安人把印度推向农耕文明，英国人把印度推向工业文明，这是印度历史上两个最关键的节点。

雅利安人与古印度

雅利安人，意为"出身高贵的人"，印欧语系，白种人。他们原本是世界三大古老的游牧民族之一，活跃于中亚大草原。大约在中国的夏商时期，雅利安人南下，灭了好几个古文明，还顺手征服了伊朗高原，堪称古文明"粉碎机"。

雅利安人征服了印度土著，建立了吠陀文明。这个文明具有鲜明的奴隶制色彩，雅利安人为统治者，印度土著为底层。

为稳固这个秩序，雅利安人创建了印度教（雅利安人在伊朗创建的是拜火教），固化印度土著的意识形态；创建了印度邦联，作为雅利安人统治土著的工具。这套政策非常成功，一直持续至今。这就是为什么如今印度精英、明星大多是白种人的原因。雅利安人这套战略，如今已经成了印度人引以为傲的历史文化。

这就是印度的魔性之处。

雅利安人的战略在印度几千年历史上遭遇过一次真正意义上的挑战，就是阿育王时期。阿育王也是雅利安人，干了和始皇帝差不多的事业，首次统一印度。但阿育王为了巩固政权，大力扶持佛教，对抗传统的印度教。从阿育王的角度看，他要建立大一统王国，要当所有人的国王，那就要扶持印度土著对抗旧贵族集团。

只是阿育王的事业并没有持续下去，因为印度历史的主流是分裂，统一是异常。所以佛教在印度最终还是被淹没在历史尘埃之中，唐三藏取经的那兰陀寺最终陨落。

入侵者与阿 Q

此后印度被波斯人、马其顿人、塞人、大月氏、突厥人、阿拉伯人、伽色尼人、阿富汗人、帖木儿蒙古人轮番入侵。这些外来人种最终都在印度汇聚沉淀成为印度文明的一部分。

可以说整个印度历史，都伴随着外族入侵。所以印度文化中，有一种"来世精神"，其实就是对现实的逃避。这也是印度的魔性之处。

只不过这些外来入侵者大多数比较野蛮，没有在印度文明中留下很深的痕迹。直到17世纪，携工业革命之威的英国人建立东印度公司（1600年）入侵东方，才再次如雅利安人那样征服印度。

1757年，印度沦为英国殖民地。英国人和几千年前的雅利安人一样，从意识形态到社会体制，再到基础建设，对印度有着全方位的影响。迄今为止，印度的政党、选举还是英国的套路。印度的思维方式和意识形态，也残留着浓厚的英国痕迹。印度最重要的基建——铁路系统，都是英国当年留下的。

虽然是殖民地，但大英帝国可是对印度重视有加。此后20年，美国闹独立，英国之所以没有全力去镇压，就在于想吸收消化印度。在当时的大英帝国看来，印度是王冠上的明珠，远非美国那块地可比。

为什么英国这么"宝贝"印度？因为从两百多年前来看，印度的地理位置和资源比美国好太多了。

1846年，美国南方棉花歉收。但英国棉纺织业主并不急，因为有印度。国会拨款支持在印度开设从农场到港口的铁路线。铁路号称工业文明之花，想要完成工业化，就必须完成铁路网建设。美国、德国、日本崛起的过程，都伴随着铁路建设工程。中国改革开放几十年，也伴随着铁路大建设。

1848年，英国在孟买建造了亚洲第一条铁路，解决了棉花危机。此后英国一发不可收，英国在印度的殖民政府以土地、税收等优惠条件，向当地民间拉投资，再利用成熟的铁路技术，大兴土木。在1914年，英属印度铁路网已贯通全印度，达到3.5万里，成为亚洲之最。当时日本号称亚洲唯一的资本主义强国，铁路里程数也无法和印度相比。

当然，英国这么建设印度，是以殖民统治为目的，而不是为了建设而建设。当印度搞"非暴力不合作运动"要独立时，英国也就不干了。

要问印度人对英国殖民有何看法，印度有部电影是这么描述的：他们不认为自己是英国殖民者的奴隶，而认为英国殖民者是自己的奴隶。

这就是印度的现实。但现实中的印度的的确确是一块风水宝地。

地缘格局

不仅是英国重视印度，"二战"后的美国和苏联也竭尽全力拉拢印度。

从地缘看，它是南亚大陆天然霸主，扼守印度洋，西临波斯湾海峡，是东西方海洋商贸线路的必经之地。不论是海权思维的英美，还是陆权思维的苏（俄），都会不遗余力地拉拢印度。为拉拢印度，对印度试验核武器都假装看不见。

英国把印度当宝贝疙瘩，就是想通过印度统治东方，还招聘印度人到上海租界当警察。结果印度人在中国赢得"红头阿三"的称呼（"阿三"一词源自"阿Sir"）。

美国人不遗余力地拉拢印度，是看中印度扼守东西方能源生命线。特朗普上台之后，把奥巴马的几乎所有政策推翻，唯独对印度的拉拢不变，甚至还忽悠印度搞"印太战略"。

苏联当年最大的梦想，就是打通印度洋出海口，为此不惜出兵阿富汗。现在的俄罗斯，虽然国力衰落，却也不遗余力地拉拢印度。

然而，从当今格局看，美国也好，欧洲也罢，虽然都在拉拢印度，但并不是真心想帮印度真正发展壮大,而是试图通过印度影响东西方交通线,并且制衡东方大国,否则欧美现在不会是拉拢帮助印度,而是会制衡印度。鉴于印度历史上大一统的时间极短,如果欧美制衡印度,很可能让它再次分裂。比如印度独立时,英国很容易就把印度和巴基斯坦分割开。

根脉与迷茫

从文明传承上看,印度文明与基督教文明、伊斯兰教文明、华夏文明并称四大文明。既然讲文明,那么每个文明都有自己的根脉。

印度几千年文明,一直伴随着外来种族的入侵,而且印度文明的基本框架由外来的雅利安人和英国人构建。但即便如此,那些外来种族都是作为统治者而存在,属于"上层建筑";印度的"基础根脉"还是几千年来一直在底层默默无闻的本土人,还是南亚大陆上恒河流域那块富饶的土地。那些人,是东方的人。那块地,是东方的地。因此印度的根脉在东方。

但印度目前的策略中,都是西方元素。为什么这么说呢?

仍以铁路为例,1929年,英国在南亚次大陆的各个角落建设了密集的铁路网络,总里程高达6.6万公里,当时每年运送6亿多人次旅客、9 000万吨各类货物。这个数据意味着什么呢?中国直到1997年,全国铁路才达到这个里程数,在那之后中国飞速发展。

印度独立之后,充分展示其魔性,硬生生把原来亚洲最完善的铁路系统搞成:从1929年起,"只超载、不升级"。为什么会这样呢?

原因之一,印度自诩学习英国的民主政治:为讨好老百姓,不允许火车票涨价。印度的火车票是真的便宜,估计是全世界最便宜的。让利于民,这本是好事,但印度政府却不管系统升级的事儿。随着印度人口越来越多,印度火车外挂的人也越来越多。

原因之二,虽然印度火车票便宜,但因为外挂很多,所以铁路系统仍然很赚钱。但印度铁路的运营成本中,有55%是员工工资和福利。也就是说,印度铁路公司赚的钱,都自己分掉了。

从这个铁路系统管理中就能看见,印度只学到西方民主制度的表皮,并没有学到实质。表面上照顾百姓诉求,却不投入资源,把原来好好的铁路系统玩坏掉。

那么,印度的出路在哪里?

路在何方

十多年前有位印度人说:"孟买五年内将出现惊天动地的大变化,应当会使人忘记上海,转而只谈孟买。"他叫曼莫汉·辛格,号称印度经济改革之父,顶级精英。他说这话的时候,身份是印度总理。随后的时间,孟买变化虽然不小,但不仅没能让人忘记上海,而且和上海的差距越来越大。通往上海的高铁和通往孟买的挂人列车便是最直观的表现。

那么,中国和印度有何异同呢?

从历史上看,印度和中国都是文明古国。中国人起于黄河流域,印度人起于恒河流域,但两国走势完全不同。中印历史都是分分合合,但中国历史以中央集权下的大一统为主体;印度历史上很少出现强有力的中央。

从现实中看,中国和印度都是金砖国家,人口众多,发展挺快。但黄金和黄金之间,纯度是不同的。"二战"之后中印起点大致相当,但本质完全不同。中国重新回到统一的中央集权模式;印度实行联邦制,不少地方经常闹分裂独立。

所有差别,最终都体现在人和人的追求上。中国人和印度人都能吃苦,但能吃苦的中国人生存观念完全是现实的,勤劳致富;能吃苦的印度人大部分受宗教思维影响,对不平等的种姓制度漠然视之,把希望放到来生来世。

印度目前真正要解决的问题,是人的问题。印度有庞大的人力资源,却没能有效利用。

目前印度最大的优势是人口,有庞大的精英阶层。但如今印度的精英大部分去了欧美打工。近10年来,美国的500强企业中,外籍CEO有75位,其中10位是印度裔。全球性巨头谷歌和微软,CEO都是印度人。但是在印度本土,冒尖的科技企业并不多。从另一个角度来说,印度精英还是打工者的思维,而非创业者的思维。如果印度这些精英离开美国,回本土创建腾讯、阿里巴巴、美团、百度之类的互联网企业群,局面又将不一样。

印度精英这种打工者思维也是美国需要的,所以美国比较喜欢捧印度。印度精英为什么这么热衷于打工者思维？原因很简单,印度缺乏庞大的制造业根基。

发展制造业,自然要和中国学。印度有目前世界上数量最多的年轻人。换句话说,印度处于最佳的人口红利期,有学中国的基础。按照中国的发展经验,这么庞大的人群足以支撑起完整的工业产业链。但印度目前还看不到这种迹象,因为印度底层人把希望放在来生,没有发奋的动力。因此印度要发展制造业,首先要做的,就是唤醒底层人心底对现实生活的动力。

印度需要高等教育大幅扩张,在百姓阶层培养出大批有文化的"螺丝钉",充当工程师、设计师、医生、教师等角色,由此推动底层社会发展。

中东篇

中东在地球村版图上扮演着能源基地的角色。波斯湾南岸的沙特、卡塔尔、巴林等国，以及北岸的伊朗，都是能源大国。石油不仅是工业血液，也是美元霸权的根基。所以仅从能源角度看，中东注定不太平。

01 沙特生死劫

中东的事儿，自然绕不开沙特。因为沙特有石油，所以沙特不仅牵扯到整个中东的局势，也牵扯到美国在中东的布局。

2019年7月，沙特的世界最大炼油厂（阿布盖格炼油厂）和本土第二大油田（胡赖斯油田）被炸。一时间搞得沙特石油产能减半，世界原油市场价格飙升，美国和俄罗斯获利巨大。

于是大家纷纷猜测，是谁这么坏，推高石油价格，阴全世界消费者的钱包。

很明显，这事是典型的大国博弈手段。但从更深层次看，这事很可能不是孤立事件，而是一系列棋局的前奏。世界能源市场阴云密布、博弈剧烈，即便没了沙特，未来能源市场其实也是过剩的。

换句话说，沙特的生死劫到了。

沙特简史

目前，沙特是波斯湾南岸阿拉伯半岛上最重要的国家，与波斯湾北岸的伊朗长年不和，与土耳其、伊拉克也是暗暗较劲。

历史上的伊斯兰教兴起于阿拉伯半岛，先知创建的阿拉伯帝国也曾显赫一时。但后来奥斯曼帝国崛起，土耳其人成为伊斯兰教世界的主宰。随着工业革命开始，英法俄等国强势崛起，传统的奥斯曼帝国式微。在这种背景下，阿拉伯人开始寻求复兴。

沙特王室可以追溯到300年前的18世纪初期，奠基者为穆罕默德·伊本·沙特。1744年,他与瓦哈比派创始人谢赫家族结盟并联姻,称埃米尔,正式建立德拉伊耶酋长国,即沙特第一王国。

阿拉伯人的取名方式通常采用本名+父名+祖父名+曾祖名叠加,以此突出血缘关系,所以名字看起来很长。大家只要记得第一王国创始人名字里有个"沙特"就行了。

最初两个家族分工明确。沙特家族掌控世俗权力,谢赫家族掌握宗教权力。1793年阿卜杜·瓦哈卜死后,时任埃米尔(国王)的阿卜杜勒·本·穆罕默德继承其伊玛目头衔,成为瓦哈比派的教长,从而实现政教合一。此后沙特统治者皆以伊玛目作为君主称号。当然,谢赫家族仍然作为神职人员阶层的领袖负责宗教事务。这种统治模式一直延续至今天。

沙特第一王国在鼎盛时期曾击败奥斯曼,夺取麦加和麦地那圣地,领土包括今沙特、阿联酋、卡塔尔的全境和阿曼北部。然而随后不久,奥斯曼联合埃及于1818年灭亡了沙特第一王国,末代国王被处死,德拉伊耶城被夷为平地。但奥斯曼本身就被列强折腾得元气大伤,没能力去统治阿拉伯半岛。

1824年,王室创始人穆罕默德·伊本·沙特的一个孙子收复德拉伊耶地区,称伊玛目,以利雅得为首都建国,即沙特第二王国。王国的领土大幅缩水,王室内部斗争频繁而剧烈,控制力很弱。其后不久,沙特第二帝国就被奥斯曼支持的势力灭掉。

沙特第二王国的末代国王虽然能力一般,却有一个能力超强的长子,他就是第三王国的开创者,阿卜杜勒·阿齐兹·本·阿卜杜勒·拉赫曼·本·费萨尔·沙特(1876—1953),通常被称作伊本·沙特(注意不要和第一王国开创者弄混了)。

第三王国的气运

1902年1月,伊本·沙特带领约40人夺回利雅得。随即他自称利雅得埃米尔,沙特第三王国建立。随后的若干年,他东征西讨,完成一系列神奇运作,光复了沙特领土。

任何神奇都伴随着机缘。伊本·沙特其实很走运,他活跃时,庞大的奥斯曼帝国被第一次世界大战折腾得奄奄一息,变身为瘦弱的土耳其。当年阿拉伯半岛在英法控制之下,伊本·沙特的动作相当于直接削弱奥斯曼帝国(土耳其)的影响力,符合英法利益。

作为开国君王,伊本·沙特是个强人。现任国王萨勒曼,19岁从政,20岁当省长,然后,79岁才当上国王。

虽然三百年来,沙特国王都是政教合一的领袖,但抛开现象看本质,石油才是当今沙特的立国之本。原因很简单:

有石油之前,一个没落的奥斯曼帝国都能反复灭了它。

有了石油之后,两次世界大战和冷战,它都安然无恙。

石油——沙特国本

此前沙特贫穷落后、乱象丛生,但是在1938年,沙特的命运发生转折。美国的石油公司在沙特发现了大油田!

石油,工业的血液。美国的崛起,关键因素之一就是以洛克菲勒为代表的石油工业的崛起。

伊本·沙特光复沙特时,美国已经是世界经济第一强国。美国的石油冒险家满世界寻找石油,终于在中东发现了海量的工业血液。于是美国的资本集团蜂拥而入,并推动美国政府与沙特统治者接触以确保自身利益。如此一来,美国成了沙特王室的靠山。

"昆西"号巡洋舰(图片来源:360百科)

1945年2月,罗斯福在雅尔塔开完会,划分世界完毕(主要是罗斯福和斯大林),美国坐上了世界霸主宝座。在他乘坐"昆西"号巡洋舰返程前,特意在苏伊士运河会见了伊本·沙特。当时罗斯福已经命不久矣,之所以会见伊本·沙特,是有两个原因:

第一,美国当时需要在中东有个战略支点,而当时还没有以色列。在罗斯福看来,沙特是理想的选择之一。

第二,沙特下面海量的石油,会是未来全球争夺的筹码。虽然以色列建国之后充当美国在中东的战略支点,但以色列没有石油。

那场会见中,罗斯福代表美国给伊本·沙特承诺:华盛顿将确保利雅得的安全,以换取沙特保证美国获得石油储备。美国和沙特,因为石油走到了一起。

从那以后,美国经历了十几位总统,美国的战略反复调整,但与沙特的关系一直很稳定。这是一种长期战略性的关系。有了石油就能换美元,伊本·沙特便开始推进他早年提出的游牧民定居计划,大批部落被强制定居生活,部落之间的冲突和仇杀被禁止;在意识形态领域大力推行瓦哈比主义,以此合法化国王的统治,控制臣民的思想。沙特开始向现代国家过渡,但却一直保留着古老而守旧的王室。

美国的战略很简单:保障沙特安全,但不介入王室内部斗争。1953年,伊本·沙特去世,王室内乱,美国没有任何干预。美国更关心的是确保沙特王室稳定,从而确保能源稳定。正是在美国的帮助下,沙特王室度过了1973年的石油危机、伊朗革命、伊拉克入侵科威特、"阿拉伯之春"和伊核协议等一系列危机。可以说石油,就是沙特的"生命之门"。

美国对沙特的长期投资也取得了丰厚的回报。数十年来,沙特用石油帮助美国制衡欧亚大陆。在美国是石油进口大国那会儿,沙特的石油源源不断地流入美国。当黄金美元走到尽头、布雷顿森林体系瓦解时,沙特又和欧佩克一起同意石油和美元绑定,从而有了石油美元,帮助美国巩固了货币霸权。

这种稳定的关系到了特朗普时期注定要发生转折。

特朗普带来的转折

沙特用石油换得的美元,相当一部分用来购买美国的武器。奥巴马执政期间,沙特购买了价值1 180亿美元的美制武器。

特朗普上任第一站便出访沙特(2017年5月20日),当然沙特也很够意思。特朗普访问之前,沙特承诺将从国家财富基金中拿出400亿美元支持美国政府主导的基建投资。特朗普访问沙特过程中,与沙特国王萨勒曼签署了价值高达1 100亿美元的军售协议。

1 000亿美元是什么概念呢?按照本文写作时黄金的价格和汇率计算,1吨黄金大约值5 000万美元。1 000亿美元相当于2 000吨黄金。2 000吨黄金又是什么概念呢?美联储黄金储备大约8 000吨,排名世界第一。

特朗普去沙特一次,就拿下千亿美元的军火大单,当然顺便还搞了一个勋章回去。

但是,沙特花了那么多钱,买了那么多军火,竟然还守不住自家最大的炼油厂和第二大油田,简直尴尬到了极点!美国同样也尴尬,毕竟从沙特拿走那么多钱,又有第五舰队的基地在附近。明明说好的保护沙特和海湾地区的安全,结果搞成这样,这是很打脸的事儿。

然而,众所周知,政客是世界上最精明的群体之一,绝对不会两方同时把自己玩得如此尴尬。之所以陷入尴尬境地,那是因为可能有更大的暴风雨在后面。

特朗普推动美国优先。问题是如何优先?

支持美国的四大基本要素:能源、科技、军工和金融。这些大家都知道,美国就是靠这些东西去赚钱。大家不太知道的是,美国还靠这些东西组合成套餐赚钱。比方说美国从沙特手里拿到的巨额订单,本质上是军工和金融的组合套餐。

美国最常见的两招:军工和金融的组合套餐、科技和金融的组合套餐。军工和金融的组合套餐,主要推销给中东产油国和印度。科技和金融的组合套餐,主要推销给日本和韩国。最典型的案例就是20世纪末亚洲金融危机,韩国中招。传说中,当时韩国人排队把自己的金首饰捐献出来,同国家共度时艰。实际上,韩国当时向世界货币基金组织和世界银行贷款,结果被要求开放金融市场。韩国没办法,妥协。于是韩国人引以为傲的科技公司三星的股权结构就变成:普通股当中,外资占比达到55%(这里面80%以上的股份是由美国华尔街的花旗、摩根大通等金融机构持有);优先股的股权结构更夸张,89%的优先股由外国投资者持有,韩国境内的投资者以及大股东持有的优先股只有10.2%。

为什么特朗普天天喊华为威胁美国,而不喊三星威胁美国?因为三星虽然是韩国人在经营,但大部分股权在美国手里,美国人可以坐享分红。就是说美国通过科技和金融手段成功让韩国为自己打工。

为什么要扯三星这段呢?因为这事儿涉及能源金融,涉及沙特的心头肉——超级石油巨头沙特阿美。

能源金融这块,美国其实也一直在布局,比方说把石油和美元挂钩,就是世界上最大的能源金融手段。但是现在的美国急需现实中的钱,需要变现。特朗普的美国优先,其实就是把美国搞成一个能源出口大国,也就是能源变现。

阿布盖格炼油厂和胡赖斯油田被炸,实际上是给沙特敲了警钟。从那以后,年老体衰的萨勒曼国王加速把权力过渡给年轻力壮的小萨勒曼。

站稳脚跟之后的小萨勒曼决心干一番事业。随着中国势力的壮大,美国把中国列为头号博弈对手。与此同时,中国也是头号能源进口大国。

再加上乌克兰战争爆发之后,西方由于制裁俄罗斯能源,让沙特能源的地位再一次提升。小萨勒曼敏锐地捕捉到时代变化的机会,带领沙特打开了新局面。

02 中国的红利

2023年,美国试图推动沙特和以色列关系正常化。

美国《华尔街日报》援引一名美方官员的说法称,美国已与沙特就后者同以色列关系正常化协议的大致框架达成一致。另据《华尔街日报》报道,沙特王储小萨勒曼之前在吉达会见美国总统国家安全事务助理沙利文。美国官员认为,在未来9～12个月内,他们可以敲定该协议更详细的细节。

彭博社、《华尔街日报》等数家媒体援引知情官员透露的谈判内容称,沙特对美国的主要诉求是:协助沙特发展民用核技术;扩大对沙特武器出口;一旦沙特遭到袭击,美国将提供支援。沙特这几条诉求都是安全层面的,归根结底就两个字:安全;相当于沙特向美国要求绝对的安全保障。

美国对沙特的主要诉求则是:要求沙特限制使用中国华为公司研发的技术;在对华出口石油时,沙特必须保证用美元而非人民币与中国结算。此外,美国还希望沙特能增产石油,通过打压石油价格让俄罗斯财政恶化。美国的目标很简单:保证自己继续在中东扮演核心角色,以遏制伊朗、孤立俄罗斯,并阻止中国在中东取代美国。

这些谈判条件都是媒体事先透露出来的,还没有真实发生。接下来会有几种可能性:

可能性1,不会有结果。

《环球时报》记者采访的中东问题专家认为,美媒披露的信息真实性有待考证。若美国真的提出上述条件,沙特不太可能接受,因为这将影响其作为主权国家的独立自主,且为未来同中国的合作设置障碍。

但即便是假消息,也从侧面反映出沙特的地位。毕竟美国要稳住在中东的利益,离不开沙特。相比于孤单的以色列,沙特代表的阿拉伯世界才是中东的基础。尤其是沙特的石油,堪称美国美元霸权的重要支柱。

可能性2,舆论试探。

这是国际上惯用的招数。很多政客在做决策之前,会先试探一下舆论反应,免得到头来出力不讨好。如果舆论反应良好就推进,如果舆论激烈就不了了之。

美国国家安全委员会战略沟通协调员约翰·柯比称:"目前还没有一套商定的谈判方案,也没有一个商定的框架。"柯比的这个答复说明美国和沙特确实有谈判,但另一方面谈判又不容易。因为这事不仅只有美国和沙特两个国家,还涉及以色列。

沙特要求以色列推动巴勒斯坦真正建国,才能考虑恢复沙特和以色列的关系。以色列的野心,很明显觊觎巴勒斯坦已久。沙特的影响力很大,但犹太人在西方和美国的影响力也绝对不可小觑。

可能性3,舆论通告。

就是舆论吹吹风,接下来就按照这个剧本走了。

美国是当今世界盟友最多的国家,他与盟友国家的基础就是军事安全。虽然美国经常炒作别国的军事威胁,但实际上美国自己才是军事扩张成瘾的国家。

军事安全是美国中东政策的支柱,也是美国影响中东的主要手段。美国通过军火生意,把阿拉伯国家卖石油赚的美元,再赚走。再加上沙特的石油是美元的重要支柱,美国非常有动力和沙特谈新的协议。如果同第三方以色列谈不拢,美国也会争取和沙特谈双边协议。

但不管是哪种可能性,都意味着沙特在吃中国的红利。为什么这么说呢?因为沙特的石油不仅对美国重要,对中国也同样重要。再加上美国又把中国列为主要战略竞争对手,沙特就可以在中美之间左右逢源,并通过这种方式吃到红利。随便举一个例子:

2023年3月,沙特和伊朗在北京和解。

美国在中东的战略是孤立伊朗。鉴于沙特和伊朗历史上恩怨颇深,美国孤立伊朗好像是在给沙特撑腰。

但其实不是这样,美国孤立伊朗的同时,也在极力挑拨沙特和伊朗的关系。在美国不厚道的运作下,沙特和伊朗的关系一度剑拔弩张。相当于把沙特推到了一个非常危险的环境中。那意味着,一旦美国对伊朗动手,沙特必然被卷进去。

对于沙特那群土豪来说,花点钱可以。但让他们置身于危险之中,就影响了他们愉快的生活。谁能帮他们化解那种威胁呢?只能是中国。

因为中国,沙特化解了和伊朗的紧张关系。

正是看到沙特在东方影响力增大,美国才想要和沙特加强双边关系。如果不是中国影响力大幅提升,美国也没必要这么着急忙慌地找沙特谈。

大家再看沙特对美国的要价,虽然主要都和安全保障相关,但有一条非常敏感:协助沙特发展民用核技术。

虽然当今地球村,民用核技术并不是新奇的话题,但是民用核技术在某些时候会变成军用核技术:南亚的印度,就是打着发展民用核技术的幌子,最终搞出了核武器;半岛上的朝鲜,之前也是说要发展民用核技术,然后爆炸了原子弹;舆论界认为日韩可以制造核武器,就是因为民用核技术的成熟;现在的伊朗,也声称在发展民用核技术……

沙特如果也发展"民用核技术",弄不好就会和伊朗形成核竞赛,加速核扩散。这对地球村来说,并不是好消息。以小萨勒曼的雄心壮志,他绝对不想看到伊朗有核技术而沙特两手空空。这种情况下,沙特在中美之间纵横捭阖,用中国抬价,让美国协助其发展民用核技术,并不稀奇。这其实就是在吃中国的红利。

随着中国综合实力的上升,以及中美博弈激烈,能吃到中国红利的国家会越来越多。它们普遍的选择是,发展经济靠中国,军事安全靠美国。只不过这些吃中国红利的国家中,有些算正常的战略博弈,如沙特、土耳其;但有些国家纯粹是狼子野心,试图挑战中国领土的安全底线。

毫无疑问,中东很多国家因为石油发家致富。很多人心中有个疑问,如果中东没有石油会变成什么样子?

大概就是也门的样子。

03 也门的命运

2023年3月,伊朗和沙特在北京上演大和解之前,也门的胡塞武装一直都是中东的一个火堆。

实际上,胡塞武装只是一朵浪花,后面还有一片大海。这是一个深奥而严肃的话题。

也许对这个话题感兴趣的人不多,但如果对世界格局和历史感兴趣,一定绕不开也门。既然说了沙特和伊朗,那就不能不说到也门。笔者研究历史,喜欢追根溯源,把历史和现实结合起来。

如果把历史和国际格局看成一盘棋,那么棋眼往往在不起眼的地方。也门就是整个阿拉伯半岛乃至整个伊斯兰教世界的棋眼所在。

也门有着世界级的地缘位置:扼守亚丁湾与红海;背靠阿拉伯半岛腹地;面临印度洋。东方经过苏伊士运河的船只,都需要经过亚丁湾;波斯湾的船只去西方,也要绕道亚丁湾过苏伊士运河。地球上还能找到多少地缘优势比也门更好的?说真的,不多。

正因也门如此重要,所以海上霸主们都对也门垂涎三尺。

16世纪初大航海时代到来,葡萄牙人就渗入也门地区,以亚丁湾作为扼守红海通向印度洋的门户,逐渐控制了印度洋上的商路。当时如日中天的奥斯曼帝国不甘坐视他人收割巨额利益,派兵赶走葡萄牙在也门的势力。双方在亚丁湾反复拉锯。

17世纪之后,英国成为海上新霸主,势力逐步扩展到印度洋地区。奥斯曼帝国对英国已经无能为力。1839年(正值第一次鸦片战争),英国占领亚丁湾,随后在亚丁湾周边划出"亚丁湾保护地"。

第一次世界大战，奥斯曼帝国崩溃。英法于1916年签署《赛克斯－皮科协定》，划分了两国的势力范围（今波斯湾地区、阿拉伯半岛和叙利亚、巴勒斯坦地区）。也门也在第一次世界大战结束的1918年独立，史称也门穆塔瓦基利亚王国。

但独立后的也门王国的控制区不包括英国直接控制的区域，而且它在1934年与沙特的战争中落败，被英国强迫承认英国对南部也门的占领。从那以后，也门有了南北也门之称。1962年，也门王国爆发革命，成立阿拉伯也门共和国，即北也门。与此同时，英国将自己控制的区域整合成南阿拉伯联邦，但该联邦成立不久便爆发大规模反英起义，英国被迫在1967年撤走。南也门人民共和国成立，3年后改名为也门民主人民共和国，全面倒向苏联。

其实"二战"之后殖民系统就崩溃了，英国为何依旧赖在也门不走？只因为亚丁湾太重要了，是整个东西方海上运输的命脉。

单纯看地缘，这里应该富裕得流油。马来西亚和新加坡对面也只有一个马六甲海峡。也门不仅面临亚丁湾，凡是过苏伊士运河的船只都要经过也门；它还是阿拉伯半岛面临大海的门窗。

这种地缘优势下，也门应该有一个和新加坡或中国香港类似的国际性环境。然而也门只有战争、死亡和内忧外患。

如果阿拉伯半岛高速发展，也门凭借这种地缘环境完全有机会形成类似长三角或珠三角的城市群。然而也门没有。其实再差也应该和越南类似，越南对面也就一个金兰湾而已，没有任何海运要道。

然而也门既没有城市群，也没有越南那般的发展速度；只有贫穷、落后。

为什么？

从中东看也门

天量的优质石油是阿拉伯国家的立身之本和创业的第一桶金。

沙特、卡塔尔、阿联酋等王室天量的财富，皆因石油，皆为土豪。伊朗和伊拉克豪气之时，也因石油。有了石油就有了财政，就有了福利。有了石油，就可以换美元全世界逍遥游。

也门也在阿拉伯世界，也有石油，但是储量远远谈不上丰富，在全世界大约排在

30名左右;也门一直在打仗,石油工业落后,面对惨烈的竞争没有优势。最关键的一点,也门人多,大约3 300万人口,在阿拉伯世界仅次于沙特;但国土面积(约53万平方公里)只有沙特(225万平方公里)的1/4,且能利用的部分很少(过度放牧造成沙漠化严重,耕地资源占国土面积不足3%,也门的粮食大部分需要从国外进口);人口密度是沙特的3倍还多。

简而言之,也门人多且穷且乱且落后,守着世界最佳地缘位置之一却过着最差的生活。

从也门看也门

也门有很多谜团:

既然地缘优势如此明显,为何这么穷?

既然这么穷,为啥还有那么多的人?

这些谜团并不难解开,如果换一个角度看,也门不是穷,而是原生态。

在石油横空出世之前,整个阿拉伯世界都和也门一个样,派系之间纷争动乱不断。那时候,也门靠近沿海的优势反而能汇聚养活更多人(参考中国,沿海省份自古以来人口稠密)。石油出来之后,沙特、卡特尔等国靠石油发财了,显得也门又穷又乱而已。

在历史学家眼中,也门的穷,也门的乱,也门的喧嚣和活力,都是难得的历史标本。如果你眼中只盯着石油与黄金,那只能证明你不了解或者不钟爱历史文化。

也门拥有三千年的文明史。公元7世纪,阿拉伯帝国兴起,征服了也门。

原生态之一:生活原生态

也门,有原始的索科特拉岛,其上有血龙树、沙漠玫瑰这样的原始植物。

也门有种原始而传奇的运动:跳骆驼。具体就是传统部落的男人,快速助跑、跳跃,在落地前尽量飞跃尽可能多的骆驼,就像现代人的飞车表演,传递出最原始的力与美的震撼。

最能体现也门原始生活的是阿拉伯茶,就是卡特树叶。这种茶,是也门贫困落后的原因之一。

这玩意名义上叫茶,听起来是树叶,实际上富含类麻黄碱类物质,能够刺激脑神经中枢、致幻,令人产生欣快感,是一种毒品。1981年,阿拉伯麻醉品事务管理局将卡特树叶与鸦片、可卡因等归为一类"低毒兴奋剂"。沙特、阿联酋等国食用或者贩卖卡特树叶会被判刑。

但是在也门,咀嚼卡特树叶是生活,也是娱乐。50%以上的成年女子和80%以上的成年男子经常咀嚼卡特树叶。大家饭后聚在一起,短则两三个小时,长则四五个小时。富裕人家还要专门装饰一间房作卡特室,招待亲朋好友。

卡特树叶成了也门人联络感情、商务洽谈、政员商讨的桥梁和纽带。

每天用大量的时间去咀嚼树叶,哪还有时间去工作、学习?谈什么发展?也门有一半人在温饱线挣扎,但在卡特树叶的支出上却不遗余力。

鉴于卡特树叶需求大,也门不断扩大卡特树的种植面积,消耗了原本就匮乏的耕地和农业资源。

卡特树是一千多年前从非洲的埃塞俄比亚传入阿拉伯半岛的。要理解阿拉伯人的生活习俗和精神世界,绕不开卡特树。

原生态之二:制度原生态

也门现在还保留着酋长世袭制,地方酋长在政治、经济、军事甚至宗教上都有很大的话语权。

酋长制度导致局部奴隶制的存在。在这种情况下,一个半百老头只需要几十美元就可以买一个女孩做新娘。不同的酋长信奉不同的教派,隔阂更深。南北也门时期,从1962年到1978年间,北也门有2位国家元首被杀、3位国家元首被赶下台;南也门同期也有2位元首被杀、2位国家元首被赶下台。

也门除了还差一个国王,在中东自古以来就是这个样子。

也门的胡塞武装,其实就是从世袭酋长中衍生出来的。侯赛因·胡塞家族属于什叶派中的栽德派,其家族势力分布于也门西北地区,是也门地方实力派之一。

侯赛因·胡塞认为,也门应当仿效伊朗的国家体制,引发了他与时任总统萨利赫之间的矛盾。萨利赫只想平衡各派,自己独掌大权。随后双方又因为是否支持美国反恐而引发冲突。实际上以也门的实力,能管好自家一亩三分地就不错了,跟着美国上战场也就凑个数。最终也门没有给美国帮忙,自己先干起来了。政府军虽然纸面实力还不错,却拿胡塞武装无可奈何。

随后双方停火一段时间,到2014年战火再起。此时政府军实力依然占优势,但还是拿胡塞武装没辙。沙特牵头阿联酋、巴林、埃及、约旦、苏丹以及摩洛哥等国组成联军帮助也门政府军。沙特每年花好几百亿美元购买装备,看起来还是很唬人的。

但也就是唬人而已。联军一直拿看似简陋的胡塞武装束手无策。原因分析起来很简单:

1. 也门一直内战,胡塞武装在战争中壮大,战争经验丰富,战斗力很强;沙特多年未战,士兵纪律松散,战斗力较低。

2. 沙特虽然武器装备非常好,但全是进口的,很多装备维修与保养都依赖美欧,打起来后勤保障就会跟不上;胡塞武装的武器虽然不是那么先进,但全是自产,用起来顺手,基础火箭与导弹源源不断。

3. 沙特军队很多是雇佣的大爷兵,来自多个国家,语言都协调不好,战斗更难协调;胡塞武装士兵都是自己的部落,非常熟悉。

4. 沙特的军队和装备学美国,模拟大规模军事对抗;胡塞武装主要以游击战加运动战为主,这么搞,沙特根本没辙。

所以胡塞武装看起来如同"打不死的小强"。另外,胡塞是一支独立的武装,并不依附于伊朗,它会根据自身的利益而协调方向。

那么,如何评价胡塞武装呢?

从也门接近古老的原生态制度看,胡塞武装的出现是必然。也门的族群、文化、习性与制度决定它一不留神就会陷入军阀混战的境地。

从国际博弈角度看,胡塞武装看似很热闹,实际也就在也门闹闹,在整个中东就是水面上的浪花。真相隐藏在暗处,是涌动的暗流。但是2023年3月,在中国的牵线搭桥下,伊朗和沙特大幅改善关系之后,胡赛武装也逐渐消停了。

如果没有石油,整个中东可能都是也门那种形态。

如果也门一直贫穷战乱,那么就看不到阿拉伯摆脱石油依赖的可能性。因此说也门的命运,实际上就是阿拉伯的命门。

那么还剩下最后一个问题,如果阿拉伯摆脱不了对石油的依赖,那么也门该如何实现独立发展呢？

步骤一，需要一个强人解决所有军阀。

步骤二，需要全国范围内禁毒，并铲除所有卡特树。

步骤三，需要一场土改，完成资源重新分配。

步骤四，利用好亚丁湾，参考新加坡利用马六甲海峡。

04 凶猛的以色列

地球村的江湖中，政客一般意味着圆滑。但凡事都有例外，以色列的政客就以凶狠著称。内塔尼亚胡，又是凶狠的以色列政客群体中的佼佼者。

2022年11月1日，以色列举行大选，这是4年来史无前例的第五次选举，中间派总理拉皮德与前总理内塔尼亚胡展开了激烈角逐。

民调显示，内塔尼亚胡的政党"利库德集团"和极右翼政党锡安主义者党赢得胜利。

凶狠的内塔尼亚胡，又回来了。

以色列虽然不大，但党派林立。当然以色列政党也很袖珍，最大的工党也就30多万党员；最小的政党只有1个党员，美其名曰"一人党"。因此，以色列政局并不稳定，经常搞选举。

就在那样一个政治局势不稳定的环境中，内塔尼亚胡成为以色列历史上任期最长的总理，长时间处于权力中央。

大家看下他的简历：

1993年，内塔尼亚胡当选为利库德集团主席。

1996年，内塔尼亚胡首次当选为第27届以色列总理。

1999年，内塔尼亚胡辞去利库德集团领导人职务，到了2005年底，再任利库德集团党魁。

2009年，内塔尼亚胡再次出任以色列政府总理，2013年获得连任，2019年获得连任，一直干到2021年。一口气干了12年。

结果才下野一年多，便又第三次上台（从时间周期看，他有点类似安倍晋三。如果安倍不遇刺,有很大概率第三次出山)。他之所以能在以色列政坛屹立不倒,主要原因之一便是凶狠。这个世界上凶狠的人很多,但能持之以恒凶狠的人不多。

能支持一个人持之以恒地凶狠的因素,无非是梦想与仇恨,内塔尼亚胡也不例外。

梦想与仇恨

"二战"之前两千年的时间,犹太人到处流浪,他们最大的梦想便是复国。

"二战"之后,在域外大国的帮助下,他们实现了复国梦想,建立了以色列。从那以后,很多犹太人的梦想就是为以色列壮大而战。

时间回到1976年7月4日凌晨,在乌干达(东非小国,号称高原水乡)首都坎帕拉南部的恩德培国际机场,一场救援行动震惊了世界。

以恩德培反劫机事件为雏形的《恩德培七日》电影海报(图片来源:百度百科)

事情源于一周前的1976年6月27日,一架法国喷气式客机载客258名,从以色列飞往法国;中途在雅典停留期间,被巴勒斯坦解放组织中的极端派劫持到恩德培机场。

劫机者释放了非以色列籍乘客,扣留了105名犹太人作为人质,要求以色列释放53名恐怖分子。

7月4日,以色列特种部队奔袭4 000公里,将劫匪全部歼灭,救出103名人质。恩德培行动,堪称世界营救史上的典范。

参与恩德培行动的以色列特种部队中,仅有1名军人牺牲,他叫乔纳森·内塔尼亚胡,也就是以色列总理本雅明·内塔尼亚胡的亲哥哥。

内塔尼亚胡一家,是典型的犹太精英家庭,遵循最传统的犹太价值观。本雅明和乔纳森从小就关系很好,两人的成长轨迹和所受教育类似。本雅明担任总理之后,对哈马斯非常强硬,每次出手都异常凶狠。在其私人感情里,有没有为哥哥复仇的情绪,不得而知。

现在以色列人的死对头主要是阿拉伯人和伊朗人。因为阿拉伯人历史上曾经让犹太人灭国;而伊朗人则是现实中的威胁,让以色列寝食难安。

捋一捋21世纪伊朗核科学家遇袭的案例:

2020年,伊朗首席核科学家法赫里扎德遇刺,曾经轰动一时。实际上,那并不是伊朗核科学家第一次遭遇袭杀。

2012年1月11日,伊朗首都德黑兰发生爆炸,2名核科学家死亡。

2011年11月,伊朗某一导弹基地发生大爆炸,17名导弹技术人员当场殒命。

2010年11月29日,沙希德·贝赫什提大学2名核物理学家遇袭身亡。

2010年1月12日,德黑兰大学核物理学教授阿里·穆罕默迪遇袭身亡。

2009年6月,核专家沙赫拉姆·阿米里在沙特失踪。

2007年1月,伊朗著名核物理学家阿尔德希尔·哈桑普尔死于毒气。

这些伊朗核科学家遇害的案例中,除了2007年死去的阿尔德希尔·哈桑普尔,其余全部死于内塔尼亚胡执政期间。

如此凶狠的政客能长时间屹立不倒,意味着他有强大的支持者。而内塔尼亚胡的靠山就是利库德集团——中东最为凶狠强硬的政党。

最强硬的政党

利库德集团听起来像个大企业,其另一个称呼叫自由联盟,听起来像是一个学派。其实它既不是企业也不是学派,而是名副其实的政党,且是以强硬著称的右翼政党。

以色列建国之后也搞三权分立体制,听起来和美国类似。只不过总统享有崇高的特权和道义的力量,只是一个象征;行政大权归总理。准确来说,以色列这套体制更类似于印度。

当然以色列和印度同年(1947年)建国,也不存在谁抄袭谁。一个有趣的现象在于,以色列和印度一样,政党林立,出现过几百个政党。

虽然以色列政党和印度一样五花八门,而且经常搞选举,但以色列政治生态非常稳定,主要就是左派的工党(前身是工人党)和右派的利库德左右互搏。

虽然工党和利库德号称左右两派,但其实都很激进。区别在于,左派的工党(那时叫工人党)是旅欧犹太人建立的,并且主导了以色列建国。党魁本·古里安堪称以色列国父。

工人党时代的以色列,政治诉求是在中东立足,并且和阿拉伯人共存。为此本·古里安不惜解散犹太人右翼的很多激进组织。

但是,经过前三次中东战争之后,以色列发现在美国的支持下,自己足以称霸中东,而且还可以占领很多地盘,便悄然改变了策略。

对狭小的以色列来说,任何一寸土地资源都异常宝贵。

随着本·古里安的老去,早期主导以色列建国的旅欧犹太精英退出历史舞台,工人党骨干本土化不可避免。1968年是一个关键的年头,以色列工人党改名工党。随后上任的以色列铁娘子梅厄夫人极为强硬,发动了第四次中东战争,扩张了以色列领土。

和早期工人党相比,工党虽然还是左翼政党,但少了一份宽容;其政治目标变成不反对建立一个拥有有限主权(例如不能拥有军队、不能与任何国家军事结盟、以色列空军享有领空使用权)的巴勒斯坦国。

相当于要把巴勒斯坦变成自己的附庸。巴勒斯坦人当然无法接受。

包容性更强的左翼工党尚且如此,右翼的利库德就不用说了,政治诉求中根本就没有巴勒斯坦人的位置,和哈马斯的政治诉求中没有以色列人的位置一样。如果利库德和哈马斯资源、武器、综合实力类似的话,双方估计能打得一个人都不剩。

利库德集团的思想源自犹太复国主义运动中的修正派领袖雅博廷斯基。此人倡导利用一切可能的手段来实现复国,是一种极端民族主义流派。

雅博廷斯基与追随者们创建了犹太复国主义运动中最激进的一些组织，比如贝塔尔、伊尔贡，还有毫不忌讳自称恐怖组织的"莱希"。这些组织曾经被本·古里安强力打压，但随着左翼日渐右倾，右翼的利库德得势是必然。其中最典型的案例就是阿里埃勒·沙龙。

前四次中东战争，沙龙在左翼政府中历任步兵团连长、戈兰旅指挥官、伞兵旅旅长、北部军区司令、装甲师师长和南部军区司令等职，依靠军功一步一个脚印往上爬。

但是退役之后，完全被左翼培养出来的沙龙却加入利库德，最终以右翼大佬的身份成为以色列总理。

右派的特点就是激进强硬（不要理解为保守）。但如今，强硬成了其痛点。

很多时候，强硬如果没有限度，就会演变成为了强硬而强硬。比方说叙利亚战场，内塔尼亚胡已经很强硬了，但仍然被批判为失败。

简单来说，以色列虽然政党很多、经常选举，但政治生态非常稳定的根源就在于，所有政党其实都差不多，都追求对敌人强硬，选来选去，就是为了把最强硬的政客选出来。

以色列为何总针对伊朗？

2020年初，苏莱曼尼遇刺，以色列在舆论上反常地低调。

2020年底，伊朗首席核科学家法赫里扎德遇袭，矛头指向以色列和美国。以色列舆论上仍然很反常地低调。

如果说美国是世界大霸主，看谁不顺眼就打谁；那么以色列就是中东小霸王，看中东谁不顺眼就打谁。江湖人称"中东平头哥，人狠话不多"。

每当大霸主美国把目光转向中东，小霸王以色列就会很活跃。

在美国的盟国中，以色列一直是独特的存在。不仅因为它是美国中东政策的支点，更因为犹太人在美国乃至世界金融版图中的地位非常重要。

2020年1月，美国袭杀苏莱曼尼，以色列似乎低调了很多，总理内塔尼亚胡有过两次讲话。

第一次讲话，"刺杀苏莱曼尼不关以色列的事，而是美国的事，我们没有插手，也不该被卷入。"——撇清干系。

第二次讲话,"特朗普总统迅速、有力和果断地采取行动配得上充分赞赏。在美国为安全、和平与自卫而进行的正义之战中,我们全力支持美国。正如以色列拥有自卫权一样,美国也拥有同样的权利。"——究竟是道义上支持还是实际支持?没说清。鉴于美军实力,无须以色列实际武力支持。

也就是说,在 2020 年初那场风波中,以色列并没有打嘴炮,而是很聪明地躲到暗处,隐藏了锋芒。

伊朗与亲伊朗的什叶派所有的口水,全部喷向特朗普、喷向美国。除了伊朗嚷嚷两句以色列,大家仿佛都把以色列给遗忘了。

以色列这个选择有两个反常点。

反常点一,作风反差有点大。

按照以色列"中东平头哥"的风格,向来都是先发制人,是那种没有风暴也会制造风暴的类型,没有躲避风暴的道理。

反常点二,看起来有点不地道。

特朗普虽然有时看起来不靠谱,但他对以色列的支持是实实在在的,从没有变过,超过美国历任总统。

特朗普上任之后,满世界去搞钱,去中东推销武器搞钱、在东西方掀起贸易战搞钱、逼日韩增加军费搞钱、逼北约成员国提升军费比例搞钱等等。

但是对以色列从没有提过钱。相反,特朗普一直强调以色列的重要性。

特朗普和伊朗撕破脸,原因之一就是给以色列撑腰。

特朗普不顾全世界反对,为挺以色列,把美国大使馆迁到耶路撒冷(以色列对耶路撒冷只有控制权,各国都把大使馆放在海滨城市特拉维夫)。当天中东局势就陷入了激烈动荡。

袭杀苏莱曼尼,内塔尼亚胡机智地躲在特朗普高大的身影之后,让特朗普在前面挡枪,颇为不地道。

事出反常必有妖。狠角色低调,要么是避祸,要么是磨刀霍霍。

以色列究竟算哪种?

狠角色以色列

过往的历史中,以色列在中东就没有避祸的概念,对叙利亚亲伊朗武装的打击从没有停过。美国袭杀苏莱曼尼之前,以色列对叙利亚的空袭如同家常便饭。

2019年11月12日清晨,以色列军方在加沙地带向巴勒斯坦的一位伊斯兰"圣战"组织指挥官发起突袭,在其家中将其击毙。

类似的定点清除行动,以色列一直在干。

那么,以色列这次为什么如此低调呢?

以色列虽然表面上在避开焦点,实际可能在酝酿大招。酝酿什么大招呢?要看以色列最怕什么。

以色列最怕中东国家拥核。

以色列和中东伊斯兰国家之间的恩怨,可以说很难解开。

常规情况下,以色列可以依靠科技代差和美国的支持,执行先下手为强的策略。如果中东伊斯兰国家拥核,那么领土狭小的以色列就会生活在恐惧之中。

这是以色列不能容忍的。如果以色列在酝酿大招,最大的可能便是突袭伊朗核设施。以色列干这种事是有先例可循的。萨达姆时期的伊拉克,曾经雄心勃勃想拥核。当时伊拉克和法国、意大利合作建核反应堆。虽然名义上是发展民用核能,实际是想拥有核武器。

以色列认为如果伊拉克拥核,会严重威胁到自身利益,决定对伊拉克核设施定点清除。

1980年2月,以色列派军人到美国接受F-16战斗机培训(此前以色列空军装备的是F-15,性能不如F-16优越),决定用空中力量摧毁伊拉克核设施。

1981年6月17日,由8架F-16战斗机和6架F-15战斗机组成的攻击机群开始执行任务。这些战斗机要偷偷穿越约旦和沙特领空,空袭伊拉克的核设施后还要原路返回,难度很大。因为这些国家都是以色列的敌人。以色列的空袭方案有三个关键部分:其一,超低空飞行躲过雷达探测;其二,组成密集编队,冒充民航客机的信号;其三,在航线选择上沿着约旦和沙特边境飞行,冒充约旦飞机,隐藏自身目的。

以色列的这波操作非常成功。虽然被雷达发现几次,却未被判别为以色列的战斗机群。当它们出现在沙特雷达上时,以色列飞行员用阿拉伯语回答说:"约旦空军,例行训练";被约旦雷达探测到后,以色列飞行员则回应:"民航班机。"

可怜的伊拉克雷达竟然什么也没发现。

以色列战斗机从容投下 16 枚重磅炸弹,彻底摧毁伊拉克耗费大量资金却还未来得及启用的核反应堆,并造成 10 名伊拉克士兵和 1 名法国人死亡,而以色列的战斗机则无一损失。

抛开道义不谈,从战术意义上来说,以色列此次袭击堪称经典。

那么伊朗在 2007 年恢复核计划后,以色列曾多次威胁采取武力手段剪除伊朗核设施。参照历史,中东形势将阴云密布。

05 一代枭雄

如何评价萨达姆的一生？他曾经热血沸腾过，为梦想而奋斗过、癫狂过、独裁过，最终结局惨淡。这一切都围绕中东大地展开，可以说萨达姆一个人，引出半部中东史。

话说1453年，奥斯曼帝国攻下东罗马首都君士坦丁堡，横跨亚非欧；基督教世界被迫把目光转移到浩瀚的海洋上。此后三百年，中东是奥斯曼帝国的天下。17世纪工业革命爆发，奥斯曼帝国被欧洲列强搞得摇摇欲坠。

第一次世界大战后，奥斯曼帝国站错队，战败被肢解，沙特、伊朗、叙利亚、土耳其这些国家纷纷诞生了，伊拉克（1921年8月独立）也诞生了。和其他中东国家一样，伊拉克是国王统治下的王国。只是这个伊拉克王国受到英国的控制，实权被亲英的政客和将军们掌握。

第二次世界大战英国殖民体系解体，对代理人的掌控减弱。1956年英法联军远征埃及失败，英国无法顾及伊拉克。这个时候有位叫阿卜杜勒·卡里姆·卡塞姆的将军站了出来，发动政变，推翻伊拉克王国，成立伊拉克共和国（1958年7月14日凌晨，军人杀掉国王和所有王室成员），总理掌握大权，历史剧《伊拉克风云》由此开启。

伊拉克名义上是共和国，其实一点也不和平。卡塞姆靠政变上台，自任伊拉克共和国首任总理兼武装部队总司令（总统鲁巴伊为摆设），实施高压统治。这是典型的军政府，只不过打着共和的旗帜。

这些和萨达姆有啥关系？因为那就是萨达姆的生存环境，他的祖国，他的家乡。卡塞姆这位独裁者，不仅造就了伊拉克的局面，也昭示了萨达姆的命数。

江湖传言,韩国总统是世界上最危险的职业。实际上,伊拉克领导人的职业危险程度丝毫不亚于韩国总统,不论国王、总理还是总统,伊拉克最高领导人鲜有善终的。

热血与梦想

萨达姆生于1937年,那时候的伊拉克在英国的控制之下。他爸爸早亡,他妈妈出身寒微,他的童年命途多舛,对旧时代没有留恋。

卡塞姆政变时,21岁的萨达姆对他还比较推崇。因为当时的卡塞姆不仅号称开创了新时代,而且和阿拉伯复兴党有合作,看起来像一代英豪。

阿拉伯复兴党创建于叙利亚,总部设在大马士革,在伊拉克等阿拉伯国家有分支机构。其宗旨是追求整个阿拉伯国家实现"统一"与"自由",重新找回阿拉伯国家的荣光。当时他们还追求过一段时间的社会主义,试图实现世俗而统一的阿拉伯。

萨达姆出生的提克里特,属于复兴党在伊拉克的势力范围。他的舅父、堂兄、表兄,大多是复兴党人,所以他也成了复兴党人。年轻时的萨达姆的梦想,就是追求阿拉伯世界的复兴与统一,并且付诸实践。理解了这些,才明白萨达姆为何不满足于在伊拉克当土霸王,而是不停地打东打西打南打北。

卡塞姆上台时和复兴党保持表面上的和谐,但骨子里讨厌复兴党。因为卡塞姆觉得在伊拉克当土霸王很爽,对复兴阿拉伯世界没什么兴趣,和复兴党翻脸,也就是和萨达姆家族与萨达姆本人翻脸。于是复兴党决定刺杀卡塞姆。

1959年10月7日,27岁的萨达姆首次登上历史舞台:袭击卡塞姆的车队,结果打死了卡塞姆的司机;他本人腿部中弹,逃到叙利亚,一举成名。

大家或许很纳闷,复兴党为什么要追求世俗化的阿拉伯?因为该党创始人是一位基督徒。所以美国最初是复兴党的朋友,自然也是萨达姆的朋友。

卡塞姆为报复复兴党,疑神疑鬼,把很多人弄得无所适从;而且在外部又得罪了苏联和美国。作为一个小国家的土霸王,日子混到这个程度也算到头了。于是1963年2月8日,伊拉克军人再度发动政变,逮捕卡塞姆,一天后的2月9日就把他杀掉了。

乱世历史剧《伊拉克风云》第一集,演完。

此时萨达姆虽然有些许名气,但身上还没有后来那种霸气,更像一个文质彬彬的年轻人,生活还算不错。

走向巅峰

《伊拉克风云》第二集的主角叫阿里夫,曾是卡塞姆的亲信、副总理兼内政部长。他上台之后改变了伊拉克的政体,把总理负责制改为总统制,成为伊拉克第一位有实权的总统。

阿里夫知道复兴党人的厉害,采取又拉又打的手腕,最终还是为了权力和复兴党翻脸。萨达姆因此被捕入狱,但最终却越狱出逃!强悍的人生不需要解释。

阿里夫原本想继续展示精彩的演技,不料撞上意外:1966年4月13日,坠机身亡。3天后,伊拉克军方推举阿里夫的哥哥、时任伊拉克陆军参谋长的拉赫曼·阿里夫继任伊拉克总统。这位总统在军中威望明显比不上弟弟,镇不住场子,只好依赖复兴党人,让军人不满,同时也让复兴党人不满,遭遇政变下台(他在1968年7月16日的夜里,被军方一通电话吵醒,得知自己不再是总统,没做任何反抗,收拾行囊到土耳其流亡去了),再次证明伊拉克领导人不好干。

拉赫曼·阿里夫虽然就当了两年多总统,还没来得及展示演技,但他的下台,理论上意味着军政府的结束,复兴党控制了伊拉克局面。为什么说理论上呢?因为复兴党实际上是一群更为狂热的人。如果说军政府是一群土霸王,复兴党就是一群狂热的土霸王。

新总统叫哈桑·穆罕默德·贝克尔,既是军人也是复兴党人。当然他还有另一个身份——萨达姆堂哥。自然而然,萨达姆走进伊拉克权力中枢。

1968年贝克尔刚上台,萨达姆就成了安全部部长。

1969年,萨达姆成为伊拉克复兴党副领导人,二把手。

从1970年起,中东地缘格局再度变化:复兴党领袖纳塞尔去世,埃及在新总统萨达特的领导下,倒向美国,与以色列谋和,这令阿拉伯世界大为吃惊。贝克尔和萨达姆决定接过纳塞尔的衣钵,打着泛阿拉伯旗号主导阿拉伯世界,甚至最终统一中东,完成伟大事业。与此同时,苏联因为失去传统盟国埃及,转而支持伊拉克。

伊拉克领导人不好当,到贝克尔也一样。现代伊拉克并没有多少底蕴,内部有什叶派、逊尼派、库尔德人三股势力。

贝克尔日渐应付不了这样的局面,而萨达姆羽翼渐丰。

1979年,贝克尔突然辞去总统之位,指定萨达姆为继承人。伊拉克由此进入萨达姆时代。或许贝克尔突然辞职可以理解为一种隐性兵变。3年之后的1982年,贝克尔突然暴毙,死因成谜,延续了伊拉克掌权者难有善终的历史。

那么,萨达姆用什么手段统治伊拉克呢?答案是:更为铁血的手腕。

萨达姆第一次召开的革命委员会会议,直接将一位革命委员会秘书长枪毙,说其是叛徒。当时伊拉克200位高官,直接处决66人,以最快的速度完成大清洗,暂时站稳脚跟。

那么萨达姆要如何处理军方和复兴党人的关系呢?他很幸运,不需要处理。

同样是1979年,伊朗伊斯兰革命爆发,巴列维王朝被推翻。萨达姆看准机会,决定和伊朗开战。

两伊战争

开战理由之一,阿拉伯世界中逊尼派占多数的国家非常害怕,担心什叶派效法伊朗。萨达姆认为可以借此机会推广复兴党"世俗而统一的阿拉伯"的理想。

开战理由之二,伊朗政权"既不要东方,也不要西方",和美国翻脸,清洗左派和苏联闹翻。萨达姆可以争取超级大国的支援。

开战理由之三,伊拉克内部大部分人是什叶派。

1980年9月22日,伊拉克突然闪电进攻伊朗,两伊战争爆发。此时的萨达姆更像是一个铁血放纵的军人,而不是国家领导人。

战争一开始,伊拉克占据优势。但伊朗用"人体扫雷"方法,为伊朗的装甲坦克部队开辟出一条血路,逐渐稳住局面,一度掌握主动权。

战争从闪电战打成漫无尽头的消耗战。一直打到1988年8月,双方筋疲力尽,在联合国干预下达成停火,各自恢复至战前边境。这是一场无效的战争,双方打了这么长时间,消耗了巨大的人力物力。

两伊战争中,伊拉克军队18万人阵亡、25万人受伤,从债权国变为债务国。

但是两伊战争使萨达姆的地位彻底稳固了,他成了阿拉伯世界的铁血强人。

不过,成为强人有时候是好事,有时候也未必是好事。能判断准国际局势,稳住国内形势,是好事,是聪明人;如果野心太大,必然引火烧身,则是愚蠢了。在讲述其愚蠢的行径之前,先说一些其他的事儿。伊拉克最高领导人不好当,基本都是遭遇政变下台。但萨达姆前后统治伊拉克二十多年,一代枭雄强人的个人面孔是什么样的?

性格与生活

大凡争夺权力,其实都是为了掌握资源。

大凡争夺资源,都免不了享受人生。走上统治者地位的萨达姆也不例外。

根据报道,萨达姆在伊拉克有 20 多处官邸,类似于行宫,加上绝对权力,其实和土皇帝差不多。官邸金碧辉煌自不必说,严密安保设施也不必说,除此之外,还配备了高级厨师、司机等。这事儿说明两点:

其一,萨达姆非常懂得享受生活。他喜欢吃海鲜,伊拉克每周会有 2 架飞机为萨达姆专门运送从沿海特供的海鲜。

其二,行踪飘忽不定,这给刺杀或政变增加了难度。萨达姆基本不和人握手,无论是外国大使,还是外国元首,甚至亲信,都不握。

另外为了保持硬汉形象,萨达姆从不远送客人,因为受过腿伤,不想让别人看到他走路不方便。他总是把头发染得乌黑,看起来神采奕奕、霸气十足。他眼睛不好,但在公开场合从来不戴眼镜。需要演讲时,演讲稿上只有几个关键词,写得又大又粗。为提升硬汉形象,他总是喜欢以拿枪的形象示人。

正是这种谨小慎微的行为,让他躲过多次暗杀。正是这种精心运作的人设,让他保持着统治基础。

但是在精神上,萨达姆依然大胆冒进。他认为自己是硬汉、是英雄,那就该一鼓作气、奔理想而去。

他选择在 1990 年入侵科威特,这就很愚蠢了。

悲哀或愚蠢

1990 年 8 月 2 日,萨达姆命令伊拉克军队占领科威特,14 个小时后,伊拉克军队就占领了科威特全境。从军事上来说,非常成功;但政治上,非常愚蠢。

1990年是世界巨变的年头,苏联摇摇欲坠,美国在中东一家独大。美国在中东的战略是分而治之,绝不能容忍有人试图统一中东。而萨达姆的野心是:统一逊尼派国家,拿下科威特,下一步还想拿下逊尼派的沙特,然后再和什叶派的伊朗对决,从而完成梦想。

当然萨达姆攻打科威特之前,曾亲自去见过美国驻伊拉克大使,问询如果伊拉克发动战争,美国的战略选择。当时美国大使清楚地表示这是中东事务,于是萨达姆就发兵了。他以为美国不会插手,或者没看懂他的目的,太愚蠢天真了。

当然这种愚蠢也可以理解为小国的悲哀。

沙特和科威特,那是石油美元的命根子。萨达姆力量再强大几倍,也干不成那事。归根结底,萨达姆的政治智慧只停留在军阀层面,野心却是世界级的。其实美国正好也在等一个机会,趁苏联病危,在中东立威,不知死活的萨达姆成了靶子。

1991年海湾战争中,沿途被摧毁的伊拉克坦克(图片来源:百度百科)

随后的事情就比较明了了:老布什发动海湾战争,以现代化的作战方式,摧枯拉朽般推进,三下五除二干掉了伊拉克。萨达姆的雄心由此终结。值得一提的是,美国军队在这场战争中表现出的现代化水平让人耳目一新,世界其他大国由此加快了军事现代化的速度。

此后虽然老布什在大选中输给克林顿，但美国一直在制裁伊拉克。萨达姆如同被拔了牙的老虎，日渐衰弱。但萨达姆不甘心在伊拉克当一个土霸王，就此退入历史，还想继续和美国斗。

萨达姆为报复美国，在从联合国拿到"石油换食品"协议（2001年）之后，便火急火燎地把伊拉克与欧洲间的石油贸易结算货币改为欧元。这是在动摇石油美元的根基。小布什拉着布莱尔以莫须有的罪名（伊拉克有大规模杀伤性武器，最后没找到，就说情报搞错了）发动第二次海湾战争（2003年），最终要了萨达姆的命。

2006年12月30日，萨达姆被绞死，延续了伊拉克最高掌权者难以善终的悲剧。

命运和前途

为什么萨达姆一定要和美国斗？这种话题其实很老套，因为人类历史其实就是一部斗争史，中东那一带尤其如此，几千年来从没有停止过。萨达姆引出的这半部中东现代史纷乱，也不过是那种斗争的延续而已。

原因之一，现实利益。1968年，萨达姆当上安全部部长那会儿就仇恨美国，把外资的石油公司收归国有。后来又收回了西方全部石油股份，搞得美国损失不少。尽管如此，两伊战争中，萨达姆和美国还可以眉来眼去做朋友。毕竟伊朗让美国损失更大。

原因之二，理念冲突。萨达姆一直想实现复兴党的理念，要统一中东。美国则需要对中东分而治之。所以萨达姆不顾一切攻打科威特，而美国要对萨达姆斩草除根。

其实复兴党的思路——推动阿拉伯世俗化建设，是对的。但是几十年来，复兴党人在中东，虽然旗号打得漂亮，但终究只是搞政治和军事斗争，没见其任何完整的建设思路，更没见其建设实践。工业文明周期的基础是工业生产和商业贸易，而中东地区，只有依附于石油资源的商业贸易，很少有工业生产。

能推动阿拉伯世俗化的道路，或者说阿拉伯复兴的道路，有且只有一条：在中东建设完整的工业产业链。遗憾的是没有人朝这方面实践。

中东的强人，和民国时期的军阀一样，只懂政治和军事斗争。他们在经济方面的措施，也就是想办法把外国石油公司的股份收归国有。没有工业建设思维，那些强人，最终都会陷入类似萨达姆一样的尴尬与悲哀。

欧洲篇

近代以来,欧洲很强势,先后出现过葡萄牙帝国、西班牙帝国、荷兰帝国、大英帝国、法兰西帝国、德意志帝国,以及沙俄帝国与苏联。

这些帝国都掀起过世界风云,非洲、中东、南亚、东南亚、东亚、美洲大陆,都曾是它们的博弈场所。不过对这些欧洲国家来说,最大的博弈场所还是欧洲内部。

01 乌克兰为啥没成中立国？

这个问题其实非常有意义。如果乌克兰是中立国，那么现在悲剧的局面就会大有改观。

大家看一看世界上曾经出现的7个中立国：瑞士、奥地利、瑞典、芬兰、爱尔兰、哥斯达黎加和土库曼斯坦，总体看混得都不赖。之所以说曾经，是因为芬兰和瑞典已经加入北约。

瑞士、奥地利、瑞典、芬兰、爱尔兰五国在欧洲，都比较发达；地处中亚的土库曼斯坦是全球最安全的国家之一；哥斯达黎加在拉丁美洲也不错。可见中立国头衔，还是不错的。

那么，乌克兰现在有没有成为中立国的可能呢？

现在肯定没有。要成为中立国必须具备两个基本条件：

一是其他国家承认并保证该国的永久中立地位——现阶段俄罗斯不可能承认。

二是主权国家自愿承担永久中立义务，包括但不限于下面这些条件：

1. 除自卫外，不得对他国进行战争。

2. 不得缔结与中立地位相抵触的条约或协定，如军事同盟条约。

3. 在他国战争中，遵守中立规则。

4. 不采取任何使其卷入战争的行动。

这些条件不复杂，但不适合乌克兰。因为乌克兰整天哭着喊着要加入北约，这就不符合中立国条件。换句话说，乌克兰自己就没有成为中立国的念头。

另外，现在的局势，即便乌克兰自己想成为中立国，也不可能。因为克里米亚被俄罗斯拿走了。乌克兰无论如何也不可能放弃克里米亚。任何一届乌克兰政府，如果胆敢宣称放弃克里米亚,立刻被推翻。

那么,乌克兰曾经有过成为中立国的机会吗?

答案是:有过。

在描述乌克兰的机会之前,先看看其他中立国是怎么诞生的。

1815年,列强在维也纳会议签订了《巴黎和约》,承认瑞士为永久中立国。于是世界上第一个中立国就诞生了。

瑞士地处阿尔卑斯山腹地,看似不起眼之地,实际上那一带是高卢人(法国)、日耳曼人(德国)、拉丁人(意大利)激烈博弈之地。

由于斗得太激烈,谁也占不到便宜,继续下去的话劳民伤财;再加上瑞士人实在太彪悍,大家合计了下,就让它中立吧,还可以把钱存在那里,一举两得。

瑞士是凭实力中立的,第二次世界大战就在纳粹旁边而没被吞并,这份气魄还是很牛的。

再看奥地利,就在瑞士旁边,也算是阿尔卑斯山腹地。论祖上,奥地利比瑞典还阔。1815年列强瓜分瑞典并承认瑞士中立的维也纳会议,就是在奥地利召开的。当时的维也纳还处于欧洲最古老的哈布斯堡王朝统治之下,是整个日耳曼人的核心,但随后不久败给普鲁士。堪称第一次世界大战主力的奥匈帝国,首都就在维也纳。

第二次世界大战中,随着日耳曼人彻底战败,奥地利和瑞典一样顿悟,与其打打杀杀流血牺牲,不如学学旁边的瑞士搞中立,日子多爽。

欧洲之外的哥斯达黎加与土库曼斯坦,中立过程也差不多。

分析下这些中立国,在中立的过程中都具备以下几个特点:

1. 几乎都在大国夹缝中受过委屈。

2. 政客们都有一定的智慧,能在大国之间周旋讨巧,谁都不得罪。

3. 有特殊的历史机缘。

明白这些之后,再回头看乌克兰。

时间窗口

苏联解体那会儿,乌克兰分到了足够多的家业。别的不说,单核武库,就让其成为世界第三核大国。

当时的联合国核心国家劝乌克兰弃核,尤其是美国与俄罗斯,对乌克兰那可是好话说尽。如果乌克兰当时提条件,说弃核的条件是宣布永久中立,那是一点问题也没有。

从地缘层面来说,乌克兰位于俄罗斯、土耳其与西方之间,非常适合搞中立。

任何一个国家的命运,最终都取决于其自身。乌克兰也一样。但任何一个国家想要在地球村丛林里生存,必须具备一定的勇气和智慧。

其实乌克兰原本是有勇气的,毕竟是正宗地道的斯拉夫人,勇武基因流淌在血液里。沙俄与苏联历次对外战争中,乌克兰人表现得都很不错。

但是在苏联解体之后,舆论圈逐渐忘了乌克兰的勇武精神。毕竟从苏联那里分得那么大一份家业,从核武器到战略轰炸机,再到核潜艇、航母以及各种型号的导弹,短短几十年就被败光。

乌克兰政客们似乎根本就没想起中立这条道路,不知道自己要干啥。等到核武器全部销毁了,大家也就不拿乌克兰当回事了。

于是乌克兰越来越穷。常言道,穷则思变。

乌克兰最初选择继续与俄罗斯抱团,但眼看当初华约成员与波罗的海三国加入北约和欧盟之后,日子过得比以前好,乌克兰又想与俄罗斯决裂,投靠西方;结果中了西方颜色革命的毒,和俄罗斯决裂了,却没能投靠西方。

实际上直到2008年之前,乌克兰都有中立的时间窗口。为什么这么说?原因很简单。苏联之所以解体,原因之一就是东斯拉夫精英集团想投靠西方过好日子。其中有两个证据链:

证据链一,北约东扩。

普京一直强调,现在乌克兰问题是冷战之后北约5次东扩的结果。

北约第一次东扩发生在叶利钦时代:1996年9月,北约公布了《东扩计划研究报告》。1999年4月,北约把波兰、捷克、匈牙利三国收为成员,成员国达到19个。这第一波东扩,相当于把势力范围从中部的德国推向东欧,大幅压缩了俄罗斯的战略空间。1999年底,叶利钦在权力巅峰时辞职,把俄罗斯交给普京。

北约第二次东扩发生在普京时代:2002年11月,北约布拉格首脑会议达成了第二波东扩决定,决定接纳爱沙尼亚、拉脱维亚、立陶宛、斯洛伐克、斯洛文尼亚、罗马尼亚和保加利亚7个国家加入北约的申请。2004年3月,上述7国正式成为北约新成员,从而使北约成员国扩大到 26 个。这是北约历史上规模最大的一次扩张。这次扩张之后,北约基本在欧洲方向完成对俄罗斯的"包围",把俄罗斯的战略空间压缩到东欧。

第三次东扩发生在 2008 年,吸纳克罗地亚、阿尔巴尼亚为成员国。

第四次东扩发生在 2017 年,北约吸纳黑山。

第五次东扩发生在 2020 年,北约吸纳北马其顿(也称马其顿)。

北约的这五次东扩,让俄罗斯在欧洲的影响力越来越小。而且北约还在乌克兰、格鲁吉亚等苏联加盟国反复搞颜色革命。

经过这一系列折腾、在付出血的代价之后,普京和俄罗斯精英彻底明白,北约是想要俄罗斯的命。那么俄罗斯精英之前在干什么?

第二个证据链,就是俄罗斯曾有过幻想。

俄罗斯的幻想

话说当年北约组建到现在,主要目的就是针对(苏联)俄罗斯。为什么斯拉夫精英集团还会对北约抱有幻想?

实际上,(苏)俄精英中,一直存在想与西方和解的理想派。

赫鲁晓夫上台之后,对内否定斯大林,对外也曾想和北约和解。1954 年,赫鲁晓夫向北约正式递交书函,申请加入北约。赫鲁晓夫的理由是,北约的存在是对东欧和苏联的挑衅,但是如果苏联成为北约一员,那么这种性质立刻就会改变。

美国一看气得冒烟,因为前不久中国和苏联在朝鲜战场上把美国及其盟友搞得很狼狈。吸纳了苏联,北约也就名存实亡了。

到戈尔巴乔夫搞改革,本质上就是和西方和解。所以两德统一过程中,戈尔巴乔夫并没有干预,并且亲手主导了苏联解体。

叶利钦虽然是戈尔巴乔夫的死对头,但对北约依然心存幻想。主要表现有两点:

表现一,1991 年,俄罗斯申请加入北约。

当时的俄罗斯经过休克疗法后,经济、军事力量都大为缩水,但威慑力仍然很强。美国当然不可能放俄罗斯进去。

表现二,面对北约第一次东扩,俄罗斯无动于衷。

叶利钦时代,俄罗斯以为只要把自己放得更卑微一些,就有可能被西方理解。

然而他错了。当1999年北约完成第一次东扩时，叶利钦感到了疼痛，所以他选择把俄罗斯的最高权力交给普京。

上台后的普京分别于2001年、2003年、2008年三次申请加入北约，但均以失败告终。

看到这些，读者们可能纳闷，为什么硬汉普京会接二连三地申请加入北约呢？

众所周知，普京领导的俄罗斯，是北约的头号对头。但是最初，普京和俄罗斯精英一样，对北约也存有幻想。开始的时候，普京和小布什私人关系很好。普京很乐于和小布什交换意见，让小布什很有成就感。普京也想通过和小布什的私人关系，减少加入北约的阻力。但是很遗憾，一次又一次被拒绝。

普京与戈尔巴乔夫和叶利钦的不同之处在于，他的个性要果敢很多，而且行事风格也务实得多。普京接二连三地申请加入北约，还有一个很明显的用意：试探。

看一下普京时代申请加入北约的时间：

第一次是2001年，恰好是北约第二次东扩前夕。搞情报出身的普京，应该是提前得知了北约再次东扩的计划，想要提前加入北约，完成和解。尤其是美国遭受"9·11"恐怖袭击之后，普京给美国提供了诸多便利。

第二次是2003年，爱沙尼亚、拉脱维亚、立陶宛、斯洛伐克、斯洛文尼亚、罗马尼亚和保加利亚7个国家向北约提出申请（2003年）之后，被北约接纳（2004年）之前。这个时候，俄罗斯再次申请，其实是再次表达和北约和解的诚意。

北约第二次东扩，实际上是向俄罗斯胸口插了一刀，也是小布什向普京胸口插了一刀。从那以后，普京开始变得强硬。搞笑的是，2014年，已经退休的小布什谈到普京时，假惺惺地表示普京变了。其实普京从原本对西方抱有幻想到逐渐强硬，都是被小布什逼的。

所以大家对照这两条证据链就会发现，直到2008年，普京时代第三次申请加入北约被拒绝之前，都是乌克兰选择中立的时间窗口。然而从1991年到2008年，前后将近20年的时间，乌克兰政客们就没想明白这条道。或许直到现在也没有想明白。

实际上美国的纵横派大师们，如基辛格与布热津斯基，都曾建议乌克兰参考"芬兰模式"，就是经济上和欧洲靠拢，但军事上中立。奈何乌克兰就是想加入北约。

因此回到文章开始的问题：乌克兰为啥没有中立？答案很简单，乌克兰或许从来没有中立的念头。

02 塞尔维亚的眼泪

塞尔维亚很小,面积约为8.85万平方公里,和重庆市差不多大。

至于大家非常看重的GDP,也很少。2019年,塞尔维亚名义GDP折合514.09亿美元,人均名义GDP折合7 402美元。仅看数字貌似不低,但是在欧洲那片,尤其是巴尔干半岛以西,这个数字就很低。特别是2008年金融危机之后,塞尔维亚再也没能恢复元气。

如果按照实际GDP计算,塞尔维亚更低:2019年,塞尔维亚实际GDP是1990年的1.03倍,人均实际GDP是1990年的1.17倍,30年基本没增长。按当年的美元计算,1990年塞尔维亚人均名义GDP为4 099美元,是中国的11.79倍;2012年被中国超越;2019年降至中国的72.03%。

塞尔维亚之所以如此悲惨的根源有两个:南斯拉夫解体大伤元气是其一;1999年北约轰炸南联盟,摧毁了塞尔维亚人的根基是其二。

塞尔维亚小归小,但很有特色。

特色一,美女众多,风景如画。大家都知道俄罗斯和乌克兰美女多,塞尔维亚和他们一样,都是斯拉夫人种。严格来说,俄罗斯和乌克兰属于东斯拉夫人,波兰和捷克算西斯拉夫人,塞尔维亚等多瑙河中下游流域的算南斯拉夫人。而且塞尔维亚地处黑海和地中海之间,气候比东欧大平原更为温润。

特色二,亲中,堪称"欧洲巴铁"。塞尔维亚因为历史原因,以及现实中与中俄关系不错,而不受西方待见。

特色三,塞尔维亚有一部充满眼泪的历史。

友谊如老酒

2016年10月21日,塞尔维亚和中国签订两国入境互免签证协议。协议于2017年1月1日正式生效,持有中国普通护照到塞尔维亚可以免签入境30天。塞尔维亚因此成为中国在欧洲的第一个免签国。

时间回到1999年,北约轰炸南联盟。三名中国记者邵云环、许杏虎和朱颖当场牺牲,数十人受伤,大使馆建筑严重损毁。现在中国驻贝尔格莱德大使馆遗址纪念牌上写着:"谨此感谢中华人民共和国在塞尔维亚共和国人民最困难的时刻给予的支持和友谊,并谨此缅怀罹难烈士。"

而塞尔维亚直接被北约炸到低谷。北约轰炸南联盟那段往事,是塞尔维亚、巴尔干半岛的耻辱,乃至整个斯拉夫人的耻辱。这个观点该如何理解呢?

斯拉夫人往事

话说罗马帝国时代,阿尔卑斯山以北生活着三大蛮族:斯拉夫人、日耳曼人和凯尔特人。这三个种族就好比三大壮汉,没事就切磋武艺,没事儿就是你打我、我打你,反正不能闲着,喝口酒的功夫,就可以干一仗。

罗马帝国之后的欧洲历史,大部分是这三族互殴。其中最惨烈的部分当属两次世界大战,打出了人类战争史上的巅峰。

他们通常沿着阿尔卑斯山以北的两条大河互殴:向东而去的多瑙河,向西而去的莱茵河。莱茵河的事儿先放一放,今天讲讲多瑙河这边。

如果把多瑙河看成一条绳子,就会发现几千年以来,多瑙河上游是日耳曼人,中下游是斯拉夫人,他们沿着多瑙河进行拔河比赛,在巴尔干半岛较劲。

从地缘上看,多瑙河离开德国之后,南侧还是日耳曼人(奥地利)的领域,北侧就已经是西斯拉夫人(捷克、斯洛伐克)的领域;流过匈牙利之后,就是南斯拉夫人自古以来生活的世界。

作为南斯拉夫主体民族之一的塞尔维亚人,自中世纪以来就生活在多瑙河中游的那块平原上,曾经被奥斯曼帝国长期统治,但是大部分塞尔维亚人还是信奉东正教，可见其性格之倔强。如此倔强的民族，不到伤心处，总统是不会落泪的。

工业文明到来，奥斯曼帝国被列强（英国、法国、德国、俄国）搞得摇摇欲坠。于是塞尔维亚人在1804年获得自治权。

持续不断的俄土战争中，俄国又从东方把土耳其打得满眼金星。于是塞尔维亚于1878年在俄国的帮助下获得独立，但日子并不好过，要面临奥匈帝国的压迫。

俄国当时有一个梦想，组成一个"泛斯拉夫主义"联盟，就是把所有斯拉夫人组成一个强有力的战斗集体。这个理想很宏大，相当于要把德国以东的国家全部合并！这个蓝图看起来很诱人，却并不好实现。要知道人家波兰、捷克也是斯拉夫人，也曾梦想统一斯拉夫世界。还有当时的奥匈帝国，主要也是斯拉夫人。所以第一次世界大战，奥匈帝国和德国一伙，俄国和英法一伙，相当于斯拉夫人内部来了一场火拼。

如你所知，第一次世界大战的导火索，就是塞尔维亚青年刺杀了奥匈帝国皇太子夫妇。换句话说，是斯拉夫人的内部矛盾引爆了世界大战。

所以说，梦想，有时候很残酷。巴尔干半岛的火药桶里，其实装满了梦想和泪水。塞尔维亚正好是其中的关键点，所以塞尔维亚人的历史上从来不缺泪点。

伤心知多少

第一次世界大战之后，沙俄帝国和奥匈帝国全部解体，取而代之的是苏联和南斯拉夫两个国家。大家忙忙碌碌二十年，又开始第二次世界大战。

"二战"之后，斯拉夫人迎来巅峰。因为苏联在"二战"中的特殊贡献，战后成为世界一极，和美国分庭抗礼。

华约集团巅峰时期，基本上实现了俄国"泛斯拉夫"的梦想。为什么说是基本上？因为华约版图囊括了东斯拉夫人、西斯拉夫人和部分南斯拉夫人（保加利亚和罗马尼亚），就差南斯拉夫一个国家。

当时南斯拉夫是欧洲强国之一，足球队和篮球队都是欧洲劲旅。虽然它和苏联有相同的发展模式，但铁托领导下的南斯拉夫不愿意做苏联的附庸，坚决不加入华约集团，保持独立性。南斯拉夫这个选择，有点像西方的法国（1966年退出北约，1995年回归）。南斯拉夫遭到来自苏联的巨大压力，但并没有屈服。从这事上也能看出,塞尔维亚人的倔强。

"二战"时期的铁托(图片来源:百度百科)

其实可以把南斯拉夫看作"小苏联",其由6个加盟国组成,分别为斯洛文尼亚、克罗地亚、波黑、塞尔维亚、马其顿和黑山。其领土范围包括多瑙河中游平原以南,到巴尔干半岛。

虽然南斯拉夫坚持独立自主,但是苏联解体之后,它也解体了。其实苏联解体只是导火索,真正导致南斯拉夫解体的原因在内部。

铁托是南斯拉夫的灵魂,也是一位硬汉,"二战"时期抗击德国;战后,他怼苏联怼美国,交好中国,这些选择都足见其个性。但是对内,他的民族政策却很失败。南斯拉夫建立之初,塞尔维亚民族占比一度超过40%(这个比例和当今印度的主体民族一致)。黑山人、马其顿人、波斯尼亚人等都被认为是塞尔维亚民族的分支,凝聚力非常好。

但因铁托出生于克罗地亚,便采取分化塞尔维亚民族的政策。相当于是塞尔维亚这个民族被南斯拉夫自己给肢解了!这事,想想都要掉眼泪。

这么一来,最终导致塞族人口大幅下降,南斯拉夫也成为一个没有主体民族的国家。

历史来到转折时刻:欧美媒体大力宣传多党选举的优越性,称南斯拉夫所有的社会、经济问题的根源都在选举制度上。与此同时,内部公知及时跟进,鼓吹多党选举的好处,一系列政党如雨后春笋般冒了出来。在缺乏主体民族的情况下,这些政党只代表各自的利益,不代表南斯拉夫的利益。

于是那个曾经辉煌一时的南斯拉夫便在内耗中走向分裂。斯洛文尼亚、克罗地亚、波黑、马其顿相继独立,只有塞尔维亚和黑山两兄弟想抱团取暖,组成南联盟。

斯洛文尼亚、克罗地亚两国切割走了大部分海岸线,剩下的南联盟已经羸弱不堪,但仍然成为北约打击的对象。于是才有1999年,北约针对南联盟那波长达78天的空袭,把塞尔维亚人炸到历史最低谷。

随后黑山也坚持不下去了,于2006年公投,以微弱的优势独立,剩下的塞尔维亚成为彻底的内陆国家。更为尴尬的是,塞尔维亚继承了南联盟大部分遗产,包括全部海军。

南斯拉夫时期,其海军曾拥有几十艘军舰和众多先进设备,是地中海和巴尔干半岛地区最强的海上力量之一。塞尔维亚失去全部出海口之后,部分海军战舰还在,只能回到多瑙河里,那种憋屈,可想而知。

塞尔维亚当前在东欧可以说举步维艰,改变环境的唯一办法就是加入欧盟。如果加入欧盟,出海口也就不是问题,而且能打通整个欧洲的贸易,还能享受到欧盟的补贴。

但欧盟提出条件:承认科索沃独立。

塞尔维亚一听,直接拒绝!虽然很穷,依然硬气。

从被奥斯曼帝国统治却保持东正教信仰,到不愿意追随苏联,再到如今不愿意答应欧盟的条件,可以看出塞尔维亚人一直非常倔强。

03 芬兰之选

2023年4月,芬兰加入北约。

在历史上,芬兰和俄罗斯有着难解的恩怨。

彼得大帝之前,瑞典是波罗的海霸主,芬兰在瑞典的统治之下。彼得大帝在18世纪初发动北方战争,打击了瑞典,夺走波罗的海沿岸不少领土。随后的岁月里,沙俄又陆续从瑞典手中夺走不少领土,其中就包括芬兰。

第一次世界大战后期,沙俄解体,芬兰趁机独立。随后苏联壮大,想要收回沙俄故土,双方爆发苏芬战争。苏联在战争中损失很大,但也割走了芬兰一块领土。

查理二世、拿破仑、希特勒都在俄国腹地惨败,就因为莫斯科一带实在是太冷了,俄国人可以以逸待劳。但是苏联去进攻芬兰,就是另外一个局面。芬兰不仅冷,而且还多山。

大家看下芬兰地形图,三分之一的国土都在北极圈内,其余部分也在北极圈周边。苏军虽然有坦克啥的,面对芬兰的山地密林也难以施展。与此同时,芬兰人由于一直在高山密林中打猎,很多猎人是天然的狙击手。所以战局对苏军非常不利。

苏芬战争导致两个结果:

1. 纳粹德国认为苏联不堪一击,刺激了其入侵苏联的欲望,最后自己被苏联反推了。这个事大家都知道了。

2. 苏联和芬兰结下深仇,芬兰倒向了西方,一直到现在。大家可能会纳闷,既然芬兰被俄罗斯统治了100多年,为什么不愿意和俄罗斯过日子,而一定要倒向西方呢?答案主要有两层因素:现实利益和地缘博弈。

芬兰的选择

现在的芬兰经济层面非常富裕，人均 GDP 高于欧盟平均水平。主要有两个原因：

原因一，芬兰地广人稀，资源丰富。

33 万多平方公里的领土，只有 500 多万人口。境内有丰富的森林资源，整个国家的森林覆盖率约 80%。芬兰利用森林资源发展木材加工、造纸和林业机械制造业，并做到了世界领先水平。芬兰森林工业的产量占世界总产量的 5%，是世界第二大纸张、纸板出口国（占世界出口量的 25%）及世界第四大纸浆出口国。

另外，芬兰的天然气资源也很丰富。芬兰的资源主要是欧盟在消耗。从某种意义上来说，芬兰和俄罗斯在资源层面是竞争关系。

乌克兰战争爆发之后，欧盟和俄罗斯资源脱钩，芬兰资源的地位大幅上升。如果一定要选边站，肯定是选择西方。

原因二，体制层面靠近西方。

1944 年 9 月 19 日，苏联和芬兰缔结《苏芬停战协定》。苏联要求芬兰在割地的同时，还要向苏联赔偿 6 亿美元。

芬兰当时穷得叮当响，根本赔不起。后来在英、美的斡旋下，苏联同意把赔款数额降到 3 亿美元，芬兰仍然赔不起。

最后苏联又打了折，降低到 8 年赔 2.26 亿美元。芬兰还是赔不起，但也不敢说。最后芬兰用了两招才算过关。

招数一，芬兰举国上下勒紧裤腰带，有人甚至把婚戒捐献出来。

招数二，进行深度经济改革，随后便开始大力发展造船业和加工业。

西方看见芬兰如此硬气，明里暗里去输血支持，帮助芬兰完成工业发展的原始积累。后来芬兰在和西方的贸易中，逐渐发达。

在西方支持芬兰的过程中，芬兰在体制层面也逐渐向西方靠拢。在这种局面下，如果芬兰一定要在俄罗斯和西方之间做选择，肯定是倒向西方。

04 一场诡异的政变

想要重振欧洲,就离不开俄罗斯。所以在俄乌战争爆发之前,德法两国和俄罗斯走得很近。即便是 2014 年,美英在乌克兰发动颜色革命之后,以及俄罗斯出兵夺取克里米亚之后,德法还是想继续和俄罗斯合作。其中有两个最典型的案例:其一,就是默克尔顶住压力,与俄罗斯一起修筑北溪-2 号天然气管线;其二,是德法两国拉着俄乌签署了《新明斯克协议》。

但随后,俄乌战争还是不可避免地爆发了,德法也被局势裹挟,加入了援助乌克兰的队伍中。一方面是因为战争爆发之后,在英美舆论的裹挟下,反俄援乌成了西方政治正确。另一方面是由于波兰、立陶宛等反俄国家同时也是欧盟成员国,如果德法不援乌反俄,那么欧盟就会分裂。

所以现在法国和德国的处境比较尴尬,这从尼日尔政变就可以看出来。

诡异的政变

事情发生在 2023 年 7 月 26 日,尼日尔的部分军人完成了非洲国家发动政变的经典操作:封锁了总统府,声称已经罢免总统穆罕默德·巴祖姆,下令全国范围从晚 7 时至次日早 5 时执行宵禁,并表示已经关闭了尼日尔国家边境。简单来说,就是尼日尔军方宣布政变,这种政变在非洲并不稀奇。

随后西非国家经济共同体(西共体)发表声明表示:"对这种试图以武力夺取政权的行为表示最强烈的谴责,呼吁政变策划者立即无条件释放尼日尔总统巴祖姆。""西共体和国际社会要求所有参与政变阴谋者对巴祖姆及其家人,以及尼日尔政府成员和公众的安全负责。"然而问题并没有解决。

尼日尔总统巴祖姆是本国老百姓投票选举出来的,为什么会闹到这个程度呢?原因有好几个:

原因1,穷。

尼日尔位于非洲中西部、撒哈拉沙漠南部边缘,典型的非洲内陆国。北边是阿尔及利亚和利比亚,南边是尼日利亚和贝宁,西边是马里和布基纳法索,东边是乍得,都是又热又穷的国家。

尼日尔穷到啥程度呢?明明靠近撒哈拉大沙漠,却只能以农牧业为主。2021年的GDP总量为149亿美元,人均GDP是588美元(你没看错,588后面并没有少一个零);最麻烦的是,已经穷成这样了,GDP的增长率才1.4%。

简而言之,尼日尔的现状是陷入了一种看不见希望的穷困泥潭中。因为贫穷,什么事都可能发生。什么制度,在贫穷面前都很脆弱。

原因2,乱。

很多时候,穷和乱是孪生兄弟;很难说清是穷导致乱,还是乱导致穷。

非洲历史虽然很长,但尼日尔的历史极其贫瘠,历史上未形成过统一的王朝。从15世纪开始,西方列强就在非洲搞殖民地,但都是先从沿海富裕的地方开始搞。尼日尔因为太偏太穷太乱,列强甚至都看不上。直到20世纪初,非洲已经被瓜分殆尽之时,法国殖民者才把魔爪伸向那里。1904年,尼日尔成为法属西非领地,1922年沦为法国殖民地。

从表面上看,法国殖民者并没有统治尼日尔很久。1958年,尼日尔大选,成为"法兰西共同体"内的自治国家,称法兰西共同体尼日尔共和国自治政府;12月8日被定为国庆日。

两年之后的1960年7月,尼日尔退出"法兰西共同体",正式宣布独立;也算是进入了地球村现代社会大家庭。但实际上,法国对尼日尔的影响极其深远。

独立之后的尼日尔并没有过上好日子,而是陷入混乱的怪圈:

1974年4月,参谋长赛义尼·孔切中校发动军事政变,推翻了首位总统迪奥里,组建军政府。

1996年1月,参谋长迈纳萨拉·巴雷发动政变上台,依靠枪杆子当选总统。

1999年4月,总统卫队长瓦拉姆·万凯发动政变枪杀迈纳萨拉,自任国家元首。

2010年2月,部分军人发动政变,扣押坦贾总统,组织过渡政府。

简而言之,在尼日尔并不漫长的独立史上,政变频繁发生。可谓你方唱罢我登场,城头变幻大王旗。所以这样混乱的国家,再一次出现政变并不奇怪。

其实在非洲,尼日尔这种政变频发的情况并不罕见。旁边的乍得、利比亚等,也经常发生武装政变的事。前几年乍得政变,总统还牺牲了。

原因3,大国博弈,主要是法国、美国和俄罗斯。

现在谈到法国,很多人认为法国对"二战"贡献有限,不应该是联合国安理会常任理事国。但其实法国对非洲的影响非常大。

法国曾经是仅次于英国的殖民帝国,控制着超过本土面积20倍的殖民地(1 000多万平方公里)。20世纪初,法国将非洲殖民地整合成"法属西非"(AOF)和"法属赤道非洲"(AEF)两大殖民地。其中"法属西非"包括塞内加尔、法属苏丹(今马里)、法属几内亚、象牙海岸(今科特迪瓦)共4个行政区域,毛里塔尼亚和尼日尔后来加入。"法属赤道非洲"主要包括加蓬、法属刚果、中非共和国、乍得等。

即便是"二战"之后,非洲国家独立了,但并没有和前宗主国闹翻,仍然深受西方国家的影响。尤其是法国和英国,在非洲的影响力依然巨大。非洲的精英喜欢移民欧洲,非洲的难民也喜欢偷渡到欧洲,尤其是法国。大家可以看下法国足球队,基本就是非洲联队。

"二战"之后,法国为继续控制非洲,采取了一系列措施,尤其是金融政策,非常隐蔽。

1945年12月26日,法国批准《布雷顿森林协定》。同年,法国宣布在各殖民地内使用殖民地法郎,其中非洲殖民地区的通用货币为"法属非洲殖民地法郎"。

1958年,戴高乐颁布《第五共和国宪法》,采用"法兰西共同体"替代第四共和国的"法兰西联盟",赋予了海外殖民地更多自治权;法国在非洲的货币也从"法属非洲殖民地法郎"变成"非洲法兰西共同体法郎"。

随着非洲殖民地独立,法国在非洲的政策也在调整。20世纪60年代末,法国"非洲法兰西共同体法郎"被分成"西非法郎"(非洲金融共同体法郎)和"中非法郎"(非洲金融合作法郎)。"西非法郎"的使用者包括贝宁、布基纳法索、多哥、科特迪瓦、马里、尼日尔、塞内加尔、几内亚比绍8个国家;"中非法郎"的使用者包括喀麦隆、中非、刚果(布)、加蓬、赤道几内亚和乍得6个国家。另外非洲法郎区还有一个国家叫科摩罗，有独立的"科摩罗法郎"。

了解了这些之后，才能明白法国对尼日尔的影响之大。

根据资料显示，尼日尔现任总统巴祖姆生于1960年，担任过国会议员、议长、外长、总统府国务部长、内政国务部长等职，算是资深政客；他于2021年赢得尼日尔大选后上台，是法国的亲密盟友。

很多非洲国家较为贫穷，指望着世界大国援助。法国也是对非洲的援助大国之一，很多非洲国家一般会给法国面子。当然法国也不是慈善家，在非洲有着庞大的经济利益。法国财政部数据显示，法国每年可以从非洲获得约5 000亿美元的直接收入和利润。要知道法国的GDP现在也才2.78万亿美元，非洲53个国家2021年的GDP总量也才2.58万亿美元。

法国在非洲的利润非常高，比如法国阿海珐在尼日尔开采铀矿，每年产出的铀矿石价值达35亿欧元，然而尼日尔政府只分到了其中的4.59亿欧元，法国却获得了约30亿欧元。如果尼日尔的矿产收入全部留在国内，那么GDP就会大幅增加。此外，法国仍然控制着尼日尔的商业、航运、教育和国防等诸多领域。

为了维护自身利益，法国在非洲仍然有大量驻军，总人数甚至超过美国。根据公开资料，16个非洲国家与法国签订了《军事技术合作协议》；法国在非洲的科特迪瓦、乍得、吉布提、加蓬、塞内加尔等国都有驻军，是在非洲驻军最多的西方大国，还有一个"非洲宪兵"的绰号。

在尼日尔，法国有近1 600名驻军。政变之后，法军并没有轻易出动，但经常威胁政变军政府。法国政府对政变行为采取了严厉的态度，西非共同体发出的那个威胁性宣言，背后其实也有法国的意志在起作用，因为法国对西共体的影响非常大。

但是很明显，法国不敢轻易动手。因为尼日尔不仅有法军以及法国支持者，甚至还有美军与俄罗斯瓦格纳雇佣军。

美俄疑云

美国其实也一直在寻求扩大在非洲的影响力，在尼日尔也有美军的存在。举个例子，2017年10月3日，尼日尔发生了一场伏击战，12名美军士兵遭到了极端组织博科圣地武装伏击。在尼日尔友军溃逃之后，美国士兵暴露在伏击者大口径重机枪与RPG火箭筒之下。一番激战，12名美军士兵中4人阵亡，其中有3人来自"绿色贝雷帽"特种部队。

那场伏击战让世界认识到，美国也在非洲大幅扩张，美军和尼日尔军方关系匪浅。

现阶段法国的主要影响力，除了欧洲，就在非洲。

政变爆发之后，美国很快宣布结束对尼日尔的援助，这其实是火上浇油。

通过俄乌战争，美国已经把德国整得七荤八素，但是还没有把法国整服气。

法国最担心的是，美俄私下里达成某种默契，分食自己在西非的利益。这件事情意味着法国在走下坡路。

走下坡路的法国，是美国乐意看到的，但是美国也不想法国变得弱不禁风。对美国来说，欧盟太强大不好控制，太弱小价值会大减；不强不弱才是最理想的状态。

05 悲凉的宴席

2022年11月21日,马克龙在总统府爱丽舍宫摆了一桌,宴请49名欧企高管共进晚餐,呼吁他们留在欧洲,并且选择法国作为未来的投资国家。

据马克龙的助手透露,出席晚宴的宾客包括来自欧洲能源巨头ENGIE、欧洲电信巨头Orange和爱立信、英国跨国消费品公司联合利华、英国制药公司阿斯利康、欧洲汽车巨头沃尔沃和大众等公司的49名首席执行官和董事长。

马克龙此举可以说是非同寻常,这次摆宴挽留大企业高管,确实是情非得已。马克龙此举源于内外两个原因。

内因:欧洲环境变恶劣

乌克兰战争主要是大国博弈的一盘棋,主要目标有两个:一是通过战争削弱俄罗斯;二是促使欧盟的财富和人才流向北美。

战争是流血的政治,可以分成两个层面:表面上看,是飞机、坦克、大炮这些热武器的战斗以及战斗造成的牺牲,目前双方还在拉锯。本质上,则是信息主导权、规则制定权和舆论话语权的博弈。从这个层面讲,俄罗斯和欧盟没有赢家。一方面,现在欧盟制裁俄罗斯,让俄罗斯的日子很不好过。另一方面,失去俄罗斯廉价的能源,欧盟的运营成本也在节节上升,从而导致企业撤离欧盟,所以才有马克龙设宴挽留。实际上不仅是法国,欧盟很多国家都在想方设法挽留企业。法国新闻电台称,面对能源危机,欧盟许多企业均在考虑是否搬迁出欧洲。

2022年11月20日,法国《回声报》网站发表题为"埃里克·特拉皮耶认为,财政部针对能源危机的援助计划方向是正确的"的报道。这位埃里克·特拉皮耶绝对不是一般人,而是达索飞机制造公司首席执行官、法国冶金工业联盟主席。他对企业迁移给工业带来的风险感到担忧,并主张面对美国的规则采取某种形式的欧洲优先。

《回声报》记者问:您认为法国工业处于什么状态?

埃里克·特拉皮耶答:继新冠疫情和出现供应困难后,人们意识到工业是基础,这可以说是在经历了几十年的去工业化之后,整个政治世界的真正觉醒。美国或德国就属于这种情况,但法国不是。在疫情发生之后,需求出乎所有人的预料,订单大量增加,但除了汽车行业,众所周知,原因与半导体行业相关。对于工业家来说,这个令人欣喜的阶段持续到8月或9月,当时所有人都意识到能源价格激增。煤气费和电费平均增加4倍,而且在某些情况下甚至更多。

问:您发现了哪些负面迹象?破产?工厂计划取消?

答:"不惜一切代价"使得所有的企业都得以生存,即便是那些本该消失的企业。破产肯定会卷土重来。但我尤其担心搬迁的风险,或者搬迁活动停顿的风险。我认识一些工业家,他们告诉我,他们对6个月前的投资感到遗憾,如果知道能源价格如此变化,他们不会这么做。我认为这是第一个可能预示着不好的信号。

这话的意思很明显,就是欧盟的企业家们,因为能源价格变化而感到沮丧,他们在盘算着离开欧盟。当今社会,大企业意味着资源和人才。当大企业要离开,那就意味着资源和人才的外流。

外因:屋漏偏逢连夜雨

《回声报》记者问:欧洲工业面临的真正威胁不是来自美国《通胀削减法案》吗?

埃里克·特拉皮耶答:美国有丰富的能源。这就不一样了!这就是为什么一些大集团考虑在那里而不是在欧洲进行再投资的原因。关于《通胀削减法案》,这是对公平竞争的损害。但在讨论诉诸世贸组织之前,让我们看看我们具体能做些什么来保护自己。因此,我支持"购买欧洲产品法",旨在强行规定"欧洲优先"。

2022年8月,拜登签署总价值达7 500亿美元的《通胀削减法案》,部分条款涉及美国政府为本土电动汽车产业提供高额补贴,并将进口电动汽车排除在补贴名单之外,试图大幅提高美国对新能源和电动汽车产业的吸引力。

当欧洲企业成本因乌克兰战争高企时,拜登推出这个《通胀削减法案》,相当于精准地挖了欧洲的墙角。这么玩其实很不够意思,相当于落井下石;但不得不说,这就是美国下乌克兰这盘棋的重要目标之一。

路透社称,欧洲各国领导人对拜登政府通过的大规模反通胀措施感到震惊。

德国工业联合会警告称,由于通货膨胀和能源成本飙升,1/4 的德国公司正考虑将生产转移到其他国家。

据法国《工厂》网站等介绍,刚刚让人感到乐观的欧盟电池生产企业,也在考虑外迁至美国,如瑞典的 Northvolt 就准备离开德国前往美国。

法国财政部长强调:要进一步与德国合作交流以协调能源与企业政策,与德国企业竞争并不是法国的目标;真正的目标是与美国企业的竞争,因为它们的能源价格是欧盟企业的 1/10~1/5。

现在欧洲慢慢回过味来。路透社报道称,法国总统马克龙将对美国进行罕见的国事访问,目的是强调法美友谊,而不是(大西洋)两岸之间激烈的经济竞争。意思是说,美国老大下手不要那么狠,否则要考虑和普京谈谈。

所以在这样的背景下,马克龙宴请欧盟企业高管看起来有点悲凉。

马克龙现在的悲凉宴席或许也有自身的原因。

长期以来,很多天真派认为,西方经济完全是自由主义形态。事实并不是那么回事,西方政治也会干预经济。拜登的《通胀削减法案》就是政治干预经济。

接下来,欧盟同样也会用政治手段干预经济。

马克龙呼吁欧盟紧急讨论商定新的经济对策,推出欧盟优惠本土企业的措施,同时要求政府加大对企业的能源补助。

法国财长勒梅尔在 2022 年 11 月 22 日答记者问中进一步公布了政府对企业的支持措施,他表示将在欧盟立法框架内强化对欧盟与法国企业的补助,特别是对能源消耗大的企业进行补助。

政治干预经济的目的绝大部分时间很简单:留住企业;或者更简单来说,就是抢工作岗位。西方这波政治干预经济的目的,也是抢工作岗位。尤其是经济不景气时,每一个工作岗位都至关重要。

这才是最大的民生。

北美篇

所谓的北美篇,其实就是美国篇。

北美虽然有23个国家,但只有美国、加拿大、墨西哥等几个大国。墨西哥经常陷入动荡之中,在世界范围内影响有限。

加拿大虽然领土面积比较大,但严重依赖美国。

世界大部分乱局,都和美国有关。但美国对世界的战略布局,也非常明确,而且不少策略的执行效率很高。

01 布　局

毫无疑问，乌克兰战争是一个局。

第二次世界大战之后，世界并没有迎来真正的和平，而是进入了美苏两个巨头冷战对抗的模式。美国搞北约，苏联搞华约，整个世界陷入核阴云笼罩之下，人类文明时刻有重启的风险。

长时间的冷战让以苏联为首的华约疲惫不堪，难以为继。于是戈尔巴乔夫推动苏联改革，试图同西方和解。改革的结果是，苏联解体，华约解散。按道理说，华约解散了，北约其实也没有存在的必要了。但美国不仅没有解散北约，还乘机推动北约东扩，先后把原华约成员国如捷克、波兰等吸纳进去，就连苏联加盟国波罗的海三国都被北约吸纳了。

俄罗斯总统叶利钦以及前期的普京，都想同西方和解，先后申请加入北约，均被拒绝。最初俄罗斯还能忍，但是当乌克兰和格鲁吉亚也想加入北约时，俄罗斯突然明白自己不可能加入西方。

美国没打算接纳俄罗斯，而是想一步一步把俄罗斯逼入死角。具体体现就是乌克兰，美国先后在乌克兰搞了两场颜色革命，最后战争爆发了。

实际上战争在2014年，也就是乌克兰广场革命之后、俄罗斯夺走克里米亚时，就已经不可避免。在2014年到2022年的八年时间，美英也做了一系列布局，看起来好像是西方对俄罗斯绥靖。

时间回到第二次世界大战之前，回顾一下英法对德国的绥靖政策。长时间以来，谈到绥靖政策时，通常只谈论妥协。实际上，妥协的另一面，就是引诱。

英法绥靖政策，本质目的是想把德国的战争机器引向东方。当德国占领捷克时，英法假装没看见。当德国进攻波兰时，英法表示看见了，却不行动。当然最后，英法玩脱了。德国占领波兰之后转头向西，进攻北欧和西欧，英法绥靖政策失败了。但最终，德国也被战争摧毁。

现在看美英在乌克兰的举动，有点像当年英法对德国的绥靖（诱惑）战略。美英强调北约不会出兵乌克兰，相当于解除了俄罗斯面对乌克兰的最大压力。至于经济制裁啥的，美英这些年把能打的牌（制裁俄罗斯的手段）基本全打了。

美英其实一直在刺激俄罗斯出兵，不断让俄罗斯的决策者相信，乌克兰很难在东欧大平原上挡住俄罗斯。鉴于基辅是东斯拉夫人的龙兴之地，这种情况下，俄罗斯能忍住吗？

海权国家逻辑

美英之所以这么做，是因为它们是海权国家，对欧亚大陆有着天然的"离岸制衡"思维。

美英在欧亚大陆的制衡对象无非是：西欧大陆上的法国与德国，横跨欧亚大陆的俄罗斯（苏联），东亚的中国，某些时候再加上南亚的印度。

所谓的制衡思维，无非就是拉拢一群人，干掉可能会威胁海权根基的强国。诸如英国拉拢一帮国家干掉拿破仑的法国和威廉二世的德国；美国拉拢一帮国家干掉苏联；如此等等，都是"离岸制衡"思维的体现。为什么要如此这般呢？逻辑很好理解。只要欧亚大陆陷入混乱无序的状态，资源和人才就会往海权国家汇聚。

当年的大英帝国能成长为日不落帝国，是在搞垮了法兰西帝国、奥斯曼帝国、德意志帝国、沙俄帝国和大清帝国的基础上。如今的美国能够独霸一方，也是借两次世界大战的天时地利人和，汇聚了欧亚大陆的资源和人才。

进入 21 世纪，随着中国的壮大，俄罗斯的回暖，加上西欧比较稳定，再想搞事也不是那么容易。例如，美国虽然打了伊拉克与阿富汗战争，但并没有达到战略目的，最后都变成赔钱买卖。从阿富汗撤军时，还颇为狼狈。

简而言之，如果欧亚大陆的大国之间不发生碰撞，那么美英想从欧亚大陆收敛财富的战略目的就很难达成。与此同时，美国日渐债台高筑，危机已经到了必须化解的地步。

了解了这些就能明白，为什么美国一直在围绕中国与俄罗斯搞事。

但是中国的战略定力很强，从容应对。

搞乱了俄罗斯，也就搞乱了欧洲，那么欧洲的财富（欧盟有着天量的财富）就会去北美避险，从而化解美元债务危机。但普京领导下的俄罗斯，也比较坚固。

但俄罗斯的地缘环境比较特殊，所以当乌克兰试图全面倒向西方时，俄罗斯忍不住了。俄罗斯此举，让美国看到了动摇欧洲大陆的机会。

转眼到了2016年，英国公投脱欧，而且把脱欧搞成了一出漫长的扯皮大战，其实影响了欧盟的基础。但是德国和法国稳住了欧盟，同时也不想和俄罗斯撕破脸。

沿着这种思路就会很容易发现，如果有人想继续搞乱欧洲，那么最佳途径之一，便是布局逼迫俄罗斯进攻。因为只要俄罗斯出兵，就可以大做文章，说俄罗斯继续威胁欧洲和世界，势必引发原苏联加盟国（立陶宛、爱沙尼亚、拉脱维亚等）与原华约国家（波兰、捷克、罗马尼亚等）的恐慌，这些国家势必会更加紧紧地抱住美国大腿。由于这些国家既是欧盟成员也是北约成员，基本上也就裹挟了整个欧盟紧跟美国。在欧洲慌乱的情况下，欧洲的资源和人才会重新流向美国。

这或许就是乌克兰战争背后的逻辑，也符合海权国家"离岸制衡"的思维。

02 美日大博弈

大家可能很纳闷,日本也是老牌发达国家,经济体量也很大,为啥会甘愿被美国驱使?

论历史,日本长于大多数国家,天皇号称万世一系。美国建国至今不到250年。

但美日关系中,美国大部分时间是主动的一方。话说丰臣秀吉统一日本后,试图登上大陆,被大明击败,随后郁郁而终;其家族也被清算。日本进入德川幕府时代,其实就是一个封闭的岛国。

美国建国之后,就惦记上了日本,便在1799年(第二任总统亚当斯任期)派商船冒充荷兰商船造访日本,但效果不佳。

1837年,安德鲁·杰克逊执政时,又派商船以送回日本难民为由,希望同日本擦出火花。结果还真的有火,不过是日本的炮火。

等到1846年,美国人懒得再浪费脑细胞,直接派三艘军舰前往日本要求彼此交往,依然遭到拒绝。美国的耐心耗尽,1853年美国东印度舰队司令佩里率领四艘军舰闯入江户(东京)湾,强行和日本"亲善""友好"。日本表现稍不如意,佩里便大炮伺候。因为佩里带领的那四艘军舰是铁甲舰,堪称那个时代的航母,威力巨大。

可怜的幕府将军,对日本人作威作福、把天皇当花瓶摆设,对粗暴的美国人却没有任何反抗。无情的炮火如同大手,几个耳光把日本扇得满眼金星。《日美亲善条约》诞生,那是日本历史上第一个不平等条约。美日博弈从1853年开始,迄今已经超过一个半世纪。

其实,1853年的美国,自己的日子也很不好过,南北分裂越来越严重,总统经常换人,新上任的皮尔斯总统面对烂摊子无能为力。而且当时的美国还是南方地主主

反映佩里率领军舰闯入日本的作品《佩里远征日本随行记(1853—1854)》

导大局,对海外侵略战争没什么兴趣。

日本稍微了解一点美国,适当反抗一下,未必会签"城下之盟"。之所以没反抗,在于其自身的变数。

大变数

当年掌控日本的幕府住江户(关东中心),名义上的最高领导天皇住京都(关西中心),两者之间矛盾很深。幕府不想拿自己的家底和美国耗。

当时的日本和大清一样,处于闭关锁国状态,对外部世界两眼一抹黑。日本看到大清被列强搞得狼狈不堪,已经失去了反抗的勇气。但区别在于,大清没有把侵略者当英雄来纪念,日本则把佩里当成了英雄。

随后英国、俄国等国纷纷前往"友好",连荷兰都来插一脚。

英法准备发动第二次鸦片战争之际,美国不顾自己国内危机,再次来到日本,说上次"友好"的程度不够。幕府将军没办法,再次接受。

1857年,《日美协定》诞生,美国人获得一系列特权。1858年,美国又强迫日本签订《日美修好通商条约》,再次获得一系列特权。

第二次鸦片战争打完,荷、俄、英、法再次排队前来"友好"。

同列强合约签完,日本岛基本上成了半殖民地。

清帝国从鸦片战争到八国联军入侵,前后60年才沦为半殖民地。日本的速度就快多了,从1853年到1858年,前后5年,就变成半殖民地。但另一个事实是:清帝国沦陷之后,中华大地用了将近50年的时间方才整合完毕;日本从1858年开始算,30多年之后便在甲午战争中击败大清,成为亚洲霸主。

日本为什么要纪念佩里?这和日本的思维方式有关。当年日本在中国身后当学生那会儿,纪念中土的徐福,给予鉴真大师极高的礼遇,对理学大师朱舜水也非常尊崇,因为日本人认为他们是文明的传播者。

佩里虽然是侵略者,但日本也把他理解为"文明的传播者"。这属于日本的特色,也是日本的大变数。

日本纪念佩里,表示日本决心脱亚入欧。

换句话说,美国侵略日本,却也给了日本启示,从而推动了日本的工业化进程。参与工业化过程的大人物,在日本历史上都有巨大的能量。

大人物的能量

明治维新的启蒙者是一个狂妄的书生,叫吉田松阴,满腔热血、满腹经纶再加上不知天高地厚的性格,所以他得罪了很多人,很快人头落地。但同时他也教出了很多厉害的学生。

吉田松阴的学生之一,高杉晋作,是日本军事现代化的推动者(地位如同编练新军的袁世凯),倒幕运动的旗帜性人物,在推翻幕府的前夕英年早逝。否则他会成为日本第一人。

吉田松阴的学生之二,山县有朋,日本近代陆军的奠基人。

吉田松阴的学生之三,伊藤博文,堪称明治维新第一人,整个日本历史上最重要的人物之一。正是他推动了甲午战争,让清朝30年洋务运动的成果化为乌有。

这些人都属于长州藩系统,是明治维新的主干之一。这个系统一直控制着日本陆军,直到"二战"彻底被中国和美国联合击溃。后来裕仁天皇为了对抗长州藩那帮老家伙在陆军中的影响,开始培养年轻军官集团,并支持他们"下克上",才有了石原莞尔、辻政信等人那些事。

推翻幕府的主力来自长州藩与萨摩藩。长州藩的巨头都来自吉田松阴门下。萨摩藩大佬主要是阴险而现实的大久保利通和豪放的西乡隆盛。高杉晋作死后,他们两位接过倒幕运动的大旗,推翻了幕府。

但随后因为分赃不均与理念不合,西乡隆盛被造反的武士阶层拉下水,带领武士造反,失败后切腹自杀。大久保利通推动日本工业化建设,因为得罪太多人,被刺杀;伊藤博文接过他的旗帜,把日本工业化建设推向高峰,最后也被刺杀。

因西乡隆盛造反,萨摩藩势力被清洗出陆军系统,却阴差阳错地推动了日本海军的发展。日本陆军和海军的梁子就此结下,直到战败都没解开。

西乡隆盛的弟弟西乡从道,组建日本海军;他自己不懂海军,就重用老乡山本权兵卫。山本自己是陆军系统出身,也不懂海军,但他找到了海军天才东乡平八郎。山本还有一个干儿子,就是山本五十六。也就是说,萨摩藩控制了日本海军命脉。

正是东乡平八郎,让日本赢得甲午战争的大东沟之战与日俄战争的对马岛海峡之战。经过两场关键性战役,日本海军壮大为海洋上让人畏惧的力量。

但这两场战争的胜利,让日本对"巨舰大炮主义"陷入痴心迷恋的状态,并且一条路走到黑,不撞到南墙不回头,再回首时已经一无所有。

巨舰大炮模式

第一次世界大战结束,马汉的"海权论"风靡全球,地球村各大玩家都迷上"巨舰大炮"。

英国时任首相劳合·乔治大声嚷嚷:"大不列颠宁愿花尽最后一分钱,也要保持海军对美国或其他任何一个国家的优势。"

美国也宣称要"建设一支世界上最强大、最优秀的海军"。

日本的计划更为精细,在1920年制订了雄心勃勃的"八·八舰队计划",就是依托8艘舰龄不满8年的战舰与8艘巡洋舰为主力,建立包括多艘5 500吨型轻巡洋舰、驱逐舰在内的大舰队。这个计划现在看不算什么,但在百年之前还是很厉害的。

狂热的计划很快引发财政危机。从某种意义上说，1929年的世界经济危机，其实就是各国军备竞赛的结果。尤其是日本，海军拨款已经占到整个国家预算的三分之一。所以研究第二次世界大战就会发现，日本最先进入经济危机。

早在1929年之前，日本就非常缺钱，便加快侵略中国的步伐。在世界经济危机爆发的前一年（1928年），日军刺杀张作霖，为入侵东北做准备；经济危机爆发之后的1931年，直接制造"九一八事变"，强占东北。

其实早在甲午战争之后，日本舰队在亚洲就已经没有对手。日本之所以要按照马汉的海权论去疯狂发展"巨舰大炮"，是把英美当成了假想敌。当时日本流传着一种学说，认为最高级别的战争是人种对决，就是代表黄种人的日本和代表白种人的美国在太平洋决战。

但是在1929年经济危机结束之后，日本继续沉迷于"巨舰大炮"；美国则开始寻求速度优势与空中优势，具备了航母作战的雏形。而最终日本的巨舰大炮被航空母舰淘汰了。

日美对决从日本偷袭珍珠港开始。袭击珍珠港之前，日本还在假装和美国谈判，把谋略欺诈用到极致；奔袭珍珠港过程中，日军全程隐蔽，把军事欺诈用到极致；另外，在隐蔽战线上，日本把间谍战用到极致。

就是说在日美对决之初，日本已经把各种套路用到了极致。但是在1942年6月4日中途岛战役时，日本遭遇致命的五分钟惨败。

致命的思维

致命的5分钟发生在4日上午10点20分，由于美军的攻击，日舰甲板开始执行给护航的零式战斗机加油加弹作业，无法准备反击。

33架美军"无畏"式俯冲轰炸机从企业号起飞，分成2个中队分别攻击日军"赤城号"和"加贺号"航母。

美轰炸机中队长麦克拉斯基少校是战斗机飞行员出身，按作战程序他应该带领先头编队攻击较远的"加贺号"航母，结果所有飞机都跟着去了"加贺号"，反而忽略了近处的"赤城号"。

百思特上尉一看大伙舍近求远，极力呼叫才召回两架飞机和他一起轰炸"赤城号"。于是海战史上的一个经典战例诞生了：百思特上尉等3人向"赤城号"投了3枚重磅炸弹，第一枚和第三枚分别近失，而百思特投下的第二枚炸弹砸穿了"赤城号"的飞行甲板。

原本也就是一次普通的命中，然而堆在"赤城号"甲板上的弹药被引爆，"赤城号"随后便沉没。百思特由此创造了一发炸弹干掉一艘航母的战例。

这种战绩，以前没有过，以后也很难再有。另外，"苍龙号"和"加贺号"同样因为甲板上的弹药被引爆而沉没。短短5分钟，日军的3艘航空母舰刹那间变成了三团火球，火光直冲云霄。

为什么是这个结果？原因很简单，日军战略理念——巨舰大炮——的失败。

不怕战败，就怕理念失败。此战日军的战略设计中，南云忠一的航母编队属于支援登陆作战的力量，日军的主力编队是山本率领的巨型战列舰。

按照"海权论"的传统理念，海战就是大家把自己的战列舰和重巡洋舰摆开，对轰。日本忠实执行马汉的理论，并赢得甲午战争与日俄战争。

马汉也是一位美国人，他所处的年代是战列舰辉煌的时代，雷达技术不成熟，飞机的主要功能是侦察。因此对制空权重视不足。

日本凭借自身的学习能力，吃透了马汉的海权论，但也被其束缚。美国并没有抛弃马汉海权论的思想，但迭代更新了马汉的海战理念，围绕航母打造战争机器，更加注重制空权。

山本五十六并不是保守的人，也强调空中轰炸的作用，但并没有把它提升到战略层面。在决定生死的时刻，山本选择了传统战法，选择了一种山本权兵卫与东乡平八郎取得辉煌成绩的战法，选择了保守。所以他败了，葬送了日本海军的前途。

通过太平洋战争，美国彻底击溃了日本。"二战"之后，美国和日本的关系变成刀俎和鱼肉，博弈方式变成控制与反控制。

控制与反控制

美国控制日本的套路就是胡萝卜加大棒。

胡萝卜方面，美国对日本很慷慨。日本战后经济重建，美国功不可没，在资金和市场方面给予了很多支持，从而让日本对美国形成依赖，日本的产品尤其离不开美国的市场。美国的胡萝卜非常成功。

大棒方面,美国更成功。战后,美军掌控了日本的战略要地。东京的空域管理权,至今还在美军手中。麦克阿瑟对日本体制进行了全方位改造,制定了《和平宪法》,剥夺了日本组建军队和对外宣战的资格。

美国最厉害的地方,是让日本和周边国家在政治上很难搞好。

"二战"末期,美英为换取苏联对日宣战,便在雅尔塔会议上,同意把日本的"北方四岛"(俄称"南千岛群岛")作为战利品划给苏联。

但1951年,朝鲜战争爆发,美英又和日本签署了《旧金山和约》,拒绝承认苏联对这几个岛的主权。如此一来,日本和苏(俄)因这几个岛的归属问题就纠缠不休。

出于同样的道理,美国又利用钓鱼岛和琉球在中日之间埋下地雷。日韩之间也有领土争议。如此一来,中日韩谈东亚一体化,就会因岛屿争端而终止。

这样日本和周边国家永远都磕磕绊绊,被迫处于美国的"保护"之下。

日本反控制的方式主要有两个:

在经济层面,日本曾经接近世界之巅,满世界买买买,曾经有"买下美国"的趋势。然而在美国威逼利诱之下,日本签订了一纸《广场协议》,经济陷入高位震荡(有人说是失去的20年)。

在政治层面,日本曾试图与中国搞好关系,推动东亚一体化。但日本有特搜部(前身是麦克阿瑟的"别动队"),就像明朝的锦衣卫(在韩国这个角色由检察官扮演),权力极大,可以独立调查日本政坛的边边角角。

这些特搜部成员都在美国CIA进修过,由美国独立指导,认同美国的思维方式和价值观。对于亲中的政治家,特搜部会不遗余力地对其进行调查,将其小污点放大,没有污点也可以制造污点。就拿安倍晋三来说,第一次担任首相,试图亲华,干了366天被迫下野(理由是结肠炎发作)。第二次担任首相时对华强硬,顺顺利利打破日本政坛的一系列执政纪录。之后在中美博弈的关键时间点,安倍再次以结肠炎为由退隐。地球村观察家认为,这是安倍躲避风暴的一个套路。

简而言之,美国对日本的胡萝卜和大棒都很成功。